教養バカ

わかりやすく説明できる人だけが生き残る

竹内 薫

嵯峨野 功一・構成

SB新書
380

カフェでコンビニバイトの友人に説教する
意識高い系男子
運動しろよ。脳の反応速度が変わる。
I want to tryじゃなくて
DOだから！
オレ外資系の
コンサル行ったら
これ800万円位の
サービスだよ。
出世払いでいいから
すごいね……
でもそんな彼もフリーターという説が……

教養バカ◉目次

［1章］教養人の話し方は、なぜわかりやすいのか

［2章］
教養人が使っている「わかりやすさ」10の技術

［3章］

あなたの周りの「教養バカ」7つのタイプ

［4章］語彙力こそが「わかりやすさ」である

［5章］

【脱・思考停止】「わかりやすさ」にダマされるな

はじめに

世の中は、空前の教養ブーム。

教養のある人は、幅広い知識をもっていて、しかも深く理解しているから、話をしてもおもしろい。グルメや音楽から、歴史・科学・ビジネスと広い守備範囲で多くの人を楽しませてくれます。

しかし、教養がもてはやされる一方で、こんな人も存在します。

知識だけは豊富。何でも知っているように感じられる。けれど、実際に話してみると残念な人です。

「794年、平安京に都を移す」

「1600年、関ケ原の戦い」

「半径×半径×3．14」

など年号や公式をたくさん丸暗記しているけれど、それだけの人。

ネットやWikipediaで調べたことを、さも自分が知っていたかのように語る人。

著名人のコメントをそっくりそのままコピペして、自分の考えのように発言する人。

こうした人々は、一見教養があるように見えますが、話してみると「おもしろみ」がありません。知識を知っているだけで、ストーリーになっていない。知識をひけらかしているだけの「教養バカ」なのです。

わかったつもりの教養バカ

では、**教養のある人と教養バカとの違いはどこにあるのでしょうか。**

たとえば、「底辺×高さ÷2」という公式があります。

三角形の面積を求めるおなじみの公式ですね。大人になって三角形の面積を求める機会はほとんどありませんが、語呂がよいので忘れられない公式の一つです。

ここで、子どもから、

「面積を求めるのに、なぜ2で割るの?」

と聞かれたら、どう答えるでしょうか。

「それが三角形の面積を求める公式なんだ！　昔から2で割るって決まっているからだよ！」

そんな乱暴な説明は、教養バカの最たるものです。その説明では、子どもが算数嫌いになってしまいます。教養バカは、自分の知識を断片的に羅列するだけの人。知識を得ることに満足して、思考停止をしている人なので、**「なぜそうなるか」は語れない**のです。

面積を求めるのに、なぜ2で割るのでしょうか。

答えはとても単純です。

底辺と高さをかけて四角形の面積を出し、それを半分にすることで三角形の面積になるからです。

では、「半径×半径×3．14」はどうでしょう。円の面積を求める公式です。先ほどと同じように子どもに質問されたら、どうやって説明しますか？

この公式を理解するためには、円を分解してみると、わかりやすいでしょう。

まず円をピザ（△）のように扇形に分割します。

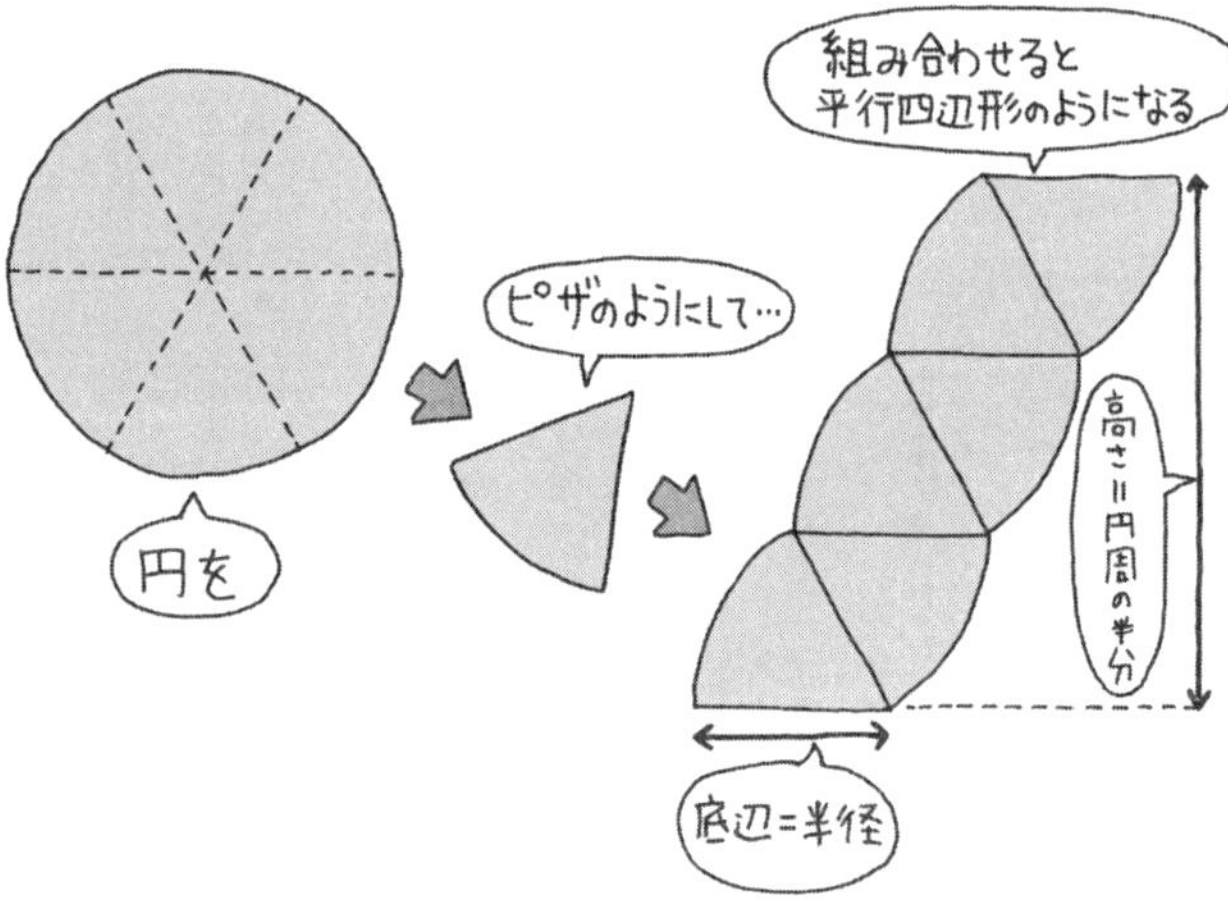

そしてこれを互い違いに組み合わせます（◁▷◁▷◁▷）。

すると平行四辺形のようになりますね。**平行四辺形の面積は「底辺×高さ」**で求められます。

円で作った平行四辺形の高さは円周の半分。円周は「直径×3．14」で求められるのでそれを半分にします。つまり「半径×3．14」。底辺は半径です。

円の底辺と高さが出たので、先ほどの平行四辺形の面積を求める公式に当てはめてみましょう。

「底辺（半径）×高さ（半径×3．14）」。

円の公式の「半径×半径×3．14」

になりましたね。

今回は円をピザのようにざっくりと分割したので、高さが円周の半分より小さく、誤差がありましたが、もっともっと細かくしていくと、高さはどんどん円周の半分に近づいていきます。細かく分割して、足すという考えは、積分の考え方につながります。

ちなみに、ここにでてきた3．14は概数で、円の直径と円周の比率という意味で「**円周率**」と呼ばれており、ギリシャ文字のπ《パイ》で表しますよね。昔の人は、円を角がたくさんある2つの多角形ではさんで、その多角形の周囲の長さを計算して、円周率を必死に計算したわけなのです。

歴史の年号や公式、豆知識をたくさん知っていることは悪いことではありません、むしろ大切なことです。

しかし、**ただ覚えているだけでは教養バカ**になってしまいます。

教養のある人と、教養バカの違い、それはずばり**ストーリーテラーになれるかどうか**。教養人とは相手が興味を持つようにストーリーとして、伝えることができる人です。

知識マウンティングは嫌われる

では、単発の知識からストーリーにつなげるには、どうすればよいのでしょうか。

先日、友人たちと食事をしているときに「カポエイラ」の話になりました。

カポエイラをご存じですか。カポエイラとは、ブラジル生まれの格闘技とダンスが融合したもので、ユネスコの無形文化遺産にも登録されています。

私は2年前からカポエイラを習っているので、友人は私にカポエイラの話を聞きたかったのだと思いますが、同席した別の人が突然、カポエイラの説明をしだしたのです。

「元々アフリカからブラジルに連れてこられた奴隷たちが云々……」

「あの蹴りが云々……」

でも語っている人は、カポエイラを一度もやったことがないので耳学問《みみがくもん》。

どこかで仕入れた知識を得意げに披露しているだけです。

その人が熱く語れば語るほど、周りは引いてしまいました。

「回転運動が……」というものの実際には、やったことはありません。回転運動とは何かを理解しているか疑問です。カポエイラをやっている私のほうが回転運動については「足を右に回すとき、腕は左に回さないとバランスを崩しちゃうんだ」などと、熱く語れるはずだったのですが……。

教養バカの悪い点は、**相手にかまわず、自分本位で知識をひけらかすこと**。インプットにしか目がいっていないので、たくさん知識があることを自慢したい。その結果、場所をわきまえず、自慢してしまう。

耳学問が悪いとはいいません。

ただ、やはり自分が体験して得たことのほうが「深み」が出ます。ガイドブックで得た外国の知識よりも、実際にその場所を旅して、見たり、聞いたり、自分で体験したことのほうが、知識として深くなります。

音楽も同じです。私はジャズが好きですが、曲名だけをたくさん覚えて、うんちくを語っても、ただの知識コレクションです。好きな曲やアーティストと出会い、聞き込むことによってわかることがあるはずです。演奏のクセを聞き分けたり、歴史を知ることで、曲の深みにも触れることができます。楽器に触れてアーティストの演奏を真似るところまでいけば、それはもう立派な教養のレベルです。

食べることもそうです。

ネットで「食べログ」を検索して、美味しいレストランをただ覚えていても意味がありません。実際にそのお店に足を運んで、味わってこそ料理を語ることができるのです。グルメサイトのレビューを借りて語るのでは、グルメとしては信用されませんよね。食べるだけでなく、シェフに作り方を聞いて自分で料理を作ってみれば、教養人としては上出来ではないでしょうか。

知識を詰め込むだけでなく、自分で体験する。そのことで知識を教養に昇華させていく。こうして断片的な知識が、ストーリーとして「教養」へと昇華されていくのです。

教養人はネタの接着剤が豊富である

そろそろ本題に入りましょう。

教養バカを脱して、本当の教養人になるには、どうすればよいのでしょうか。

そのためのトレーニング方法は、たった一つ。それは、相手に「**わかりやすく伝え**

る」ことです。

知識を単発で披露するのではなく、話を作り上げるために知識と知識をつなげる、そんな体験に根ざした「**接着剤**」**をたくさん持っている人こそ、**教養のある人です。

彼らは、つねに一つの見方だけでなく、身近な話に置き換えたり、いろいろな角度から話ができるので、話がおもしろくなります。いわゆる、話の引き出しが多いのです。

もしあなたに、視点が一つしかなく、使える道具も一つだけとなると、相手に伝わらなかった場合はアウト。伝える手段がなくなってしまいます。

でも、あなたがあらゆるパターンを持っていれば、どんな相手が来ようと、上手に伝えることができるでしょう。

そうです。つなげられない公式を1000個覚えても、使えないまま。

知識と知識をどんどんとくっつけて、時間をかけてつながりを作ることこそ、教養人への一歩なのです。

知識の接着剤を使うには視点を変えたり、違う道具に持ち替えないといけません。そのためには、説明する事柄の本質をとらえていることが必要です。

わかりやすさのコツについては本編でたっぷりお伝えしますが、一つだけいっておくと、コピペの知識でなく、実際に体験して、自分なりの理解をしていることが大切だということです（よく「腑に落ちる」といいますね）。

日本の教養が滅びつつある理由

今、教養人が危機に瀕しています。**効率重視、知識偏重が社会に蔓延しているから**です。世の中から教養人がいなくなると社会は大変なことになります。間違った方向に進みかねません。

日本人初のノーベル賞受賞者・湯川秀樹さんは『旅人』という自伝を書いています。美しい日本語が使われていて、漢文の素養もある。物理学者なのに、文章がすごくうまいのです。彼は物理学を始める前は、文学少年だったそうです。様々な文学作品に触れることで、日本語や文章の教養が培われたのでしょう。

湯川さんの同級生で日本人2人目のノーベル賞受賞者・朝永振一郎さんもとても文章がうまい人です。人形浄瑠璃などの古典芸能のほか、外国語も堪能で幅広い教養がありました。

日本には戦前まで、真の教養人を作るシステムがあったのだと思います。

しかし、いつしか**効率や専門性を優先するようになり、じっくりと教養人を育てる風潮がなくなってしまいました。**

法律は法学科、経済は経済学科、物理は物理学科……と専門分野だけを学ぶ。

本当は様々な分野の教養が土台にあって、そこから専門を学ぶほうがよいのですが、そこまで時間をかけられない。今のシステムでは短期間で専門分野のスペシャリストはつくれますが、詳しいのはその分野だけ。経済や経営を学び、優秀なビジネスマンになったとしても、自分の儲けばかりを優先する人だったら、社会のためになりません。

教養バカは自分のことしか考えない。

自分勝手な世の中になってしまいます。

教養の意義の一つは、公共心です。教養を深めていろいろなことを知る。必然的にいくつもの視点や考え方で、社会を見ることになります。それを社会に提言することで、よりよい社会に導くことができるのです。

つまり、**教養人が増えるほど、社会全体を見る視点や知恵が増えて、社会が豊かになっていきます。**これは将来の日本を考えても、とても大切なことです。

しかし、時代や社会を嘆いていても始まりません。

そこで本書では、教養バカから真の教養人になるために、「わかりやすさ」についてお伝えします。

本書は、**これまでの教養本とは、一線を画す**ものになるでしょう。

なぜなら知識を詰め込むのではなく、知識の伝え方をみなさんに伝授することになるからです。

「わかりやすさ」を極めることで、あなたの中にも変化が起こるはずです。それは、知識の羅列から、ストーリーテラーへの変化。教養のある人にとって、ゴールは、自分の知識をひけらかすことではありません。相手に伝わることなのです。

あなたが、誰から見ても教養のある話し方ができるようになる——。これが本書の最終目標です。

1章

教養人の話し方は、なぜわかりやすいのか

何がいいたいのかわからない人

あなたの周りには、どちらが多いですか？

「話がわかりやすい人」
「話がわかりにくい人」

では、あなたはそれぞれの話を聞いているとき、どんなことを思い浮かべますか？

「話がわかりやすい人」↓頭の回転が速い、知的だ、教養がある
「話がわかりにくい人」↓頭の回転が遅い、要領が悪い、教養がない

話がわかりにくい人を相手にすると大変です。
「結局何がいいたいの？」とやきもきしたり、意思疎通がうまくいかずミスが生じた

り、いらぬトラブルを引き起こします。

わかりやすさが求められるのは仕事の場面だけではありません。

家族や友達との会話も同じです。たとえば、昨日見た映画のあらすじ。

「ヤバい！　マジでおもしろかった！」

「どこが？」

「え、えーと……」

といいよどんでしまったら、本当におもしろかったのかどうか、疑われてしまいます。

ほかにも、今日の出来事、駅から待ち合わせ場所への行き方、部下への仕事の指示……相手に伝える状況はごまんとあります。

あなたは相手の話を聞いて「わかりやすい」「わかりにくい」をジャッジしていますよね。ということは、気づかないうちにあなたも相手にジャッジされているのです。

仲がいい友達や気心が知れた仲間であれば「わかりにくい！」と笑いながらツッコんでくれるかもしれません。でも、そうではない場合もあります。

自分が知らないところで評価されるからこそ、「**わかりやすさ**」は大切なのです。

わかりやすさとは何か？

世の中は「わかりやすい」を求めています。

書店の棚には、「やさしくわかる」「よくわかる」「マンガでわかる」といったタイトルの本がズラリと並んでいます。テレビでも、わかりやすい解説のコメンテーターが人気ですね。インターネットでは、膨大な情報をわかりやすくまとめている「まとめサイト」が重宝されています。「まずはまとめサイトで情報をチェック」という人も多いのではないでしょうか。

でも、そこには落とし穴もあります。コメンテーターが経歴詐称をしていたり、まとめサイトには無断転用や改竄《かいざん》、すなわち、ニセ情報が横行していることもあるのです。コメンテーターの経歴やまとめサイトの情報には、ニセのわかりやすさがあるわけです。

では、ニセではない、真のわかりやすさとはいったいなんでしょうか。

あなたが人の話を聞いたり、本やウェブサイトを読んでいて「わかった！」と思うのはどんな瞬間でしょうか。

「わかった！」と感じる瞬間、脳の中では何かが起きているはずですよね。

様々な研究結果があり、とらえ方や考え方も人それぞれでしょう。

しかし、サイエンス作家として、文系・理系の話にふれ、多数のわかりやすい人たちと接してきた、私の解釈はこうです。


「頭の中に『絵』が浮かび上がった瞬間に、人はわかった！　と感じる」


「ん？　意味がわからない……」

「？」マークが浮かんだかもしれません。

順を追って説明しますね。

「なんでこんなかんたんな話が通じないんだ」のワケ

人間は記号を扱う生き物です。記号には、ひらがなや漢字、アルファベットなどの文字はもちろん、数字や音符も含まれます。地球上の生き物の中で、記号を駆使してコミュニケーションできるのは人間だけ。記号は、長い年月をかけて改良してきた便利な道具なのです。

数字を使えば、「数」を正確に伝えられますし、音符を使えばメロディーも共有できます。言葉を使えば、目の前にない「イメージ」も相手に伝わります。それ以外にも、過去の出来事、未来の予定、人の感情や思考さえも伝達可能です。

では、人間は、記号をどのように処理しているのでしょうか。

実は、記号は、それだけでは伝わりません。

記号が人に届くと、脳は記憶を検索し始めます。そして、人の脳内でこれまでの知識や経験と、記号とが見事にマッチングできたときに、はじめて「わかった!」となるのです。つまり、こうです。

外からきた「記号」＝内にある「記憶」

この処理の途中で、脳内で「絵」を描き上げます。「絵」が鮮明に描けたときにはじめて「わかった！」と感じるのです。

たとえば、友達との会話で「昨日、海で犬と遊んだ」という言葉が出てきたとします。するると、自分の脳内に、海と犬の「絵」が浮かびますよね。

そして、波打ち際で人間と犬が遊ぶ「映像」になると思います。一方で、

「砂浜に穴があってさ、その穴から変なのが出てきて……」

といわれたらどうでしょう。

たしかにこの会話からも、砂浜に穴があいている「絵」は思い浮かびます。

しかし、次の「変なの」は難しい。

「変なの」といわれても、絵を描くことができません。気になるあなたは「変なのって何？」「何色？」「大きさは？」と自分の脳内で「絵」を描くために相手に質問を投

げかけるでしょう。記号が補足され、くわしい「絵」が描けたところで「へー、わかった！」となるのです。

つまり、「わかりやすい人」とは、相手の脳内にすばやく「絵」を描かせてくれる人です。逆に、なかなかうまく「絵」を描かせてくれない人が、「わかりにくい人」ということ。その意味では、書店で見かける「よくわかる」「マンガでわかる」というタイトルの本は、脳内にすばやく「絵」を描く手助けをしてくれるのだといえそうです。

ソシュールの言語学に学べ！

私に「わかりやすさとは、脳内に絵を描かせることだ」と気づかせてくれた人がいます。フェルディナン・ド・ソシュールというスイスの言語学者です。

彼は「近代言語学の父」といわれ、「**シニフィエ**」と「**シニフィアン**」という言語学用語を定義しました。ご存じでしょうか？

たとえば、あなたが海について話しているとします。

あなたの頭に浮かんでいる海のイメージや概念が「シニフィエ」。
「海」「うみ」「Sea」という文字や音は「シニフィアン」です。
一つ例を出しましょう。
あなたの目の前にいる「犬」そのものは物理的な存在ですよね。で、あなたが思い浮かべている犬の映像や鳴き声、つまり頭の中の犬のイメージが「シニフィエ」です。これが「犬」「dog」といった言葉（文字・音声）になると「シニフィアン」と呼ばれます。「犬」のイメージは変わらなくても、犬を見る人によってその呼び名は、「犬」「dog」「ワンワン」

と変わりますよね。

言葉というのは便利です。

現実の海や犬が存在しない場所でも、言葉を使えば、「昨日、海で犬と遊んだ」という思い出話ができます。

しかし、ここで注意しなければならないのは、あなたが頭の中で描いた犬と、相手の頭の中での犬は、同じとはかぎらないということです。

頭の中に「絵」を描くのは受け手のときだけではありませんね。伝える立場でも頭の中に「絵」を描き、それを言葉にして相手に伝えているのですから。

あなたが伝える立場になったら、相手にどのような「絵」を描かせるでしょうか？

あなたはチワワを描いているのに、相手がブルドッグを描いていたら、通じるわけはありません。

自分の脳内の「絵」と、相手の「絵」を近づけることこそ、わかりやすさのコツであり、具体的で描きやすい言葉で説明することが大切なのです。

医者の話はなぜわかりにくいか

コミュニケーションは相手に伝わらないと意味がありません。それなのに、多くの人は、相手が上手に絵を描く手助けを怠っています。

「大工と話すときは大工の言葉を使え」

古代ギリシャの哲学者ソクラテスが残したといわれる言葉です。何かを伝えたいと思ったら、まずは相手が「絵」を描けるように伝えないといけません。

コミュニケーションをとりづらいと聞いて、あなたはどんな場面を思い浮かべますか。たとえば、病院はどうでしょう。お医者さんの話を聞いても、患者さんが頭の中で「絵」を描けていない状況が思い浮かびますよね。

日本語の調査や研究をしている国立国語研究所という機関があります。

ここの「病院の言葉委員会」が、「病院の言葉をわかりやすくする提案」をまとめています。名前の通り、お医者さんが使う言葉と患者さんの理解度にギャップがあり、うまくコミュニケーションがとれていないという問題意識から生まれたようです。

たとえば次の3つの言葉は、多くのお医者さんが病状説明で使っています。あなたが患者としていわれたら、頭の中に「絵」が描けますか？

説明を受けている状況を想像してみてください（漢字だと意味が推測できるので、あえてひらがなで表記します）。

1：「ごえん」による肺炎ですね
2：がんが「しんじゅん」していますね
3：症状の「じゅうとく」化を防がないといけません

……いかがでしょう？

脳内に上手に「絵」が描けましたか？

はじめて聞く言葉だと、全く思い浮かびませんよね。

では、いざというときに困らないように、解説しましょう。

病院の言葉①　誤嚥（ごえん）

誤嚥は、食べたり飲んだりしようとしたときに、飲食物が食道ではなく気管に入ってしまうことです。

病院の言葉委員会の調査によると、患者さんに「誤嚥」を使って説明している医師は82・4％。一方、一般人の認知率は50・7％となっています。言葉が似ていることから「誤嚥」と「誤飲」を混同している人も多いそうです。

病院の言葉委員会では「誤嚥の危険が大きい」を「食べた物が気管に入ってしまう危険が大きい」、「誤嚥しやすい食べ物」は「間違って気管に入ってしまいやすい食べ物」といい換えたほうが患者さんはわかりやすいと提案しています。ちなみに「飲み込むこと」を意味する「嚥下《えんげ》」も患者さんへの説明で使うお医者さんが多いそうです。

病院の言葉②　浸潤（しんじゅん）

浸潤は、がんが周りに広がっていくことです。がん細胞が発生した場所から、水が少しずつ染み込んでいくように広がっていきます。

病院の言葉委員会の調査によると、多くのお医者さんが患者さんへの説明で「浸潤」を使っています。しかし、一般人の認知率は41・4％。がんで耳馴染みのある言葉といえば、転移がありますが、委員会では「浸潤」や「転移」については、絵に描いて説明すると患者さんの理解が早いとまとめています。

病院の言葉③ 重篤（じゅうとく）

病状が非常に重いこと。

病院の言葉委員会の調査によると、患者さんに「重篤」を使って説明している医師は65．7％。一方、一般人の認知率は50・3％となっています。

委員会では、説明で重篤は使わず、「非常に重く、命に危険が及ぶ症状」などといい換えて説明するほうがわかりやすいとしています。

国立国語研究所の病院の言葉委員会では、患者さんにとって病院の言葉がわかりにくい原因の一つとして、言葉そのものに馴染みがないことを挙げています。相手に伝わらない言葉での会話。まさに一方通行のコミュニケーションです。

先ほどのソクラテスの言葉を借りれば「患者と話すときは、患者がわかる言葉を使え」。ソクラテスが生きていたのは紀元前470年から400年頃です。それから2400年経っても、私たちは変わらずコミュニケーションで悩んでいるのですから、不思議なものです。

言葉だけで伝えようとするな

私はかつて、ラジオ番組のナビゲーターを担当したことがあります。この番組でも、正しく伝えることの難しさを痛感しました。

目の前にあるものを伝えるとき、テレビなら「こちらをご覧ください」と映像を映せば伝わるのですが、ラジオではそれができません。すべて言葉で伝える必要があります。それでも、鉛筆やサッカーボールなど共通のイメージがあるものは楽ですが、芸術や概念など形がない場合は大変です。頭の中に「絵」を描いてもらうには、どの特徴を伝えるのが一番よいのかを考えなければなりません。

スイスのジュネーブにある「大型ハドロン衝突型加速器（ＬＨＣ）」について取り上げた回のことです。

ＬＨＣとは、高エネルギー物理実験を目的として欧州原子核研究機構（ＣＥＲＮ）が建設した、世界最大の衝突型円形加速器なのですが、ゲストの専門家が、何度も「ウチュウセンが飛んでくる」「ウチュウセンが飛んでくる」と連呼します。

「ウチュウセンが飛んでくる」

そう聞いて、あなたは何を思い浮かべますか。

「宇宙船」ではありません。

宇宙空間を飛び交う高エネルギーの放射線、つまり「宇宙線」のことです。

私は３回目に「ウチュウセン」の言葉を聞いたときに、

「これはリスナーが勘違いするな」

と思い、こう補足しました。

「ウチュウセンは、船ではないですよね。宇宙からやってくる放射線という意味のウチュウ線ですよね」

専門家でもない人たちに、いきなり馴染みのない言葉をイメージしてもらうのは無理があります。**伝えることを、言葉だけに頼りすぎると、痛い目にあう**のです。

学歴がある人ほど陥るミス

さて、もうおわかりですね。わかりやすさとは、相手にすばやく正確に絵を描かせること。ここで問題になってくるのは、どうすれば相手が絵を描きやすいか、ということです。絵を描かせるための言葉の選び方が、大切になってきます。

私が校長を務めるインターナショナルスクールでこんなことがありました。扉に、1枚の張り紙がありました。

「1年生は8月30日までに科学の宿題！」

うちの学校の科学の先生は、博士号を持っている優秀な先生。とはいえ、小学生を相手に授業するのはまだ初心者でした。

カブトムシの幼虫をスケッチするという宿題を忘れる子が多かったため、張り紙をしたのだそうです。

でも私は、張り紙を見て「アッ！」と思いました。

そして、科学の先生に問いました。

「1年生に『科学の宿題』って漢字を教えたの？」

「教えていません……。あーっ！」

結局、張り紙に書いてあった文字は、小学1年生にはちんぷんかんぷん。

英語の読めない人に、英文の注意書きを見せているようなものです。

このエピソードは笑い話ですが、「伝えたい相手は誰か？」を考えていないやりとりは、非常に多いものです。思い当たる節はありませんか。

ピカソのような上司の抽象的指示

ちょっと立場を変えてみましょう。

「なるべく早くお願いね！」

たとえば、あなたが上司からそうやって仕事を頼まれたとします。さて、あなたはこの頼まれごとをいつやりますか。

今すぐ？

数時間後？

明日？

ポイントは上司から伝えられた「なるべく早く」という言葉。

このような抽象的な言葉はとても厄介です。すぐに仕上げれば、あなたの評価は上がるかもしれません。でも別の仕事が立て込んでいて、すぐに取りかかれない場合もある。上司の「なるべく早く」をどう解釈するか悩みます。

「なるべくだし、少し遅くなっても大丈夫だろう」と後回しにしていたら、数時間後に上司から「まだできないのか！　なるべく早くっていっただろ！」とお小言をもらうかもしれません。上司は「伝えた」と思っているはず。なのに、あなたにはきちんと伝わっていない。

悪いのは上司でしょうか？

それともあなたでしょうか？

もしも上司が「なるべく早く」ではなく、「急ぎの仕事なので3時間後までに頼む」とか「明日の朝までにあればいいよ」とわかりやすくいってくれれば、あなたが無駄に怒られることもなかったかもしれません。

あなたが少しだけ気を利かせて「夕方で大丈夫ですか？」と確認しておけば違った結果になったかもしれません。

「伝えた」と「伝わった」問題はこんな厄介なやりとりになりえるのです。

美術の世界でも、抽象画を理解するにはある程度の知識が必要ですよね。**脳内の絵を抽象画にしてしまうと、わかりやすさが失われてしまう**のです。

わかりやすさの肝は「他者意識」

上司と部下、同僚、友達、夫婦。多くの人たちは、仕事やプライベートでコミュニケーションを必要としています。会話や文章で、自分の思いをわかりやすく伝えることができれば、コミュニケーションはもっとスムーズになります。

それにはやはり、相手の脳内の絵を上手に描かせることにつきます。

では、上手に絵を描いてもらうコツは？

あなたは「自分の伝えたいことは、相手に確実に伝わる」と思っていませんか。

しかし、そう思うのは危険です。

「自分の話は伝わる」と思って相手に接すると自分本位の話し方になりがちです。

自分が使い慣れた言葉を使ったり、自分の都合のよい順番に話したり、とにかく自分のペースで話します。そして、もし相手に伝わらなかった場合、

「なんで俺のいっていることがわからないんだ！」

と、怒りを覚えてしまうかもしれません。

一方、「伝わらない」を前提にすると「どうしたら伝わるだろう?」と相手の顔を思い浮かべるはずです。

たとえばあなたが友達に「お店の場所、教えて!」といわれたら、道順を説明できますか。自分の頭の中に「店までの地図」を描き、それを相手に説明することになります。街の風景は固定されたものですが、人によって注目するポイントが異なります。

あなたが道順を説明するときは、自分の「地図」を使いながら、相手の頭の中に「地図」を描かせなければいけません。

何を目印とするのか。どんな道順がいいのか。

相手の顔を思い浮かべることは、わかりやすさのトレーニングにもなるでしょう。

これは一般的に「**他者意識**」といわれています。

他者を意識する、つまり「伝える相手」が見えてくるとどんな言葉を使えばいいか、どんな話し方をすればいいか考えるようになります。

伝える相手を意識する。これがわかりやすい話し方の、スタートになるのです。

かんたんな言葉を使えばいいわけではない

伝える相手に「わかりやすい！」と思ってもらうには、相手の脳内に上手に「絵」を描かせることでした。

他者意識を持つと、相手の得意な絵の描き方が、自然と見えてきます。すると、相手の描き方をサポートすることができるようになります。

どういうことでしょうか。サポートとは、相手の頭の中にある言葉、つまり知っている言葉で伝えることです。相手の頭の中にない言葉を使う時点で、わかりやすさの視点で見ると、アウトなのです。

小学校で習う言葉、平易な言葉を「コドモ言葉」と名付けましょう。コドモ言葉は、知っている人が多い分、わかりやすくなるのはたしかです。

しかし、すべてをコドモ言葉にして伝えればいいのかといえば、そうともいえません。目的は相手の頭の中に「絵」を描かせることですよね。そのためには、コドモ言葉よりも、難しい専門用語のほうが理解の早い人もいるかもしれません。

相手が普段使う言葉＝相手の頭の中にある言葉なので千差万別、十人十色。人によって違うのです。ある人は専門用語かもしれません。ある人は流行り言葉かもしれません。ある人はアニメのセリフかもしれません。

つまり、言葉の選び方は相手次第。**伝える相手にとっての「わかりやすい言葉」を使うことこそ、わかりやすさの基本ルール**と覚えてください。

子どもの「ナゼ？」に答えられますか？

では、ここで問題です。

あなたが子どもから「月はどうして形が変わるの？」と質問されたら、どうやって答えますか？

月はいつも半分だけ、太陽に照らされて光っています。

光っている側が地球側にくれば満月になり、光ってない側がくれば新月になります。

その間が、半月や三日月になります。

そう説明したところで、子どもはわかってくれるでしょうか。

そもそも地球と太陽と月の位置関係すら、子どもは知らないかもしれません。

では、どうすればいいのか？

百聞は一見にしかず、ということわざがあります。

相手に、絵を見せてしまえばいいのです。

満月や三日月になるしくみを模型やイラストで見せてあげることです。

子どもに限らず、**自分の頭の中に「絵」を描く要素がないと、いくら説明を聞いても理解することはできません。**

そんなときは、方法を切り替えて、説明する。

私も講演会で、イラストを用意することがあります。

そのほうがわかりやすく伝わるし、言葉だけでなく、動きがあるほうが会場は盛り上がるからです。相手に伝えるときに、「言葉だけでなんとか伝わる」という考えは、まず捨てることです。

月と太陽の関係

半月

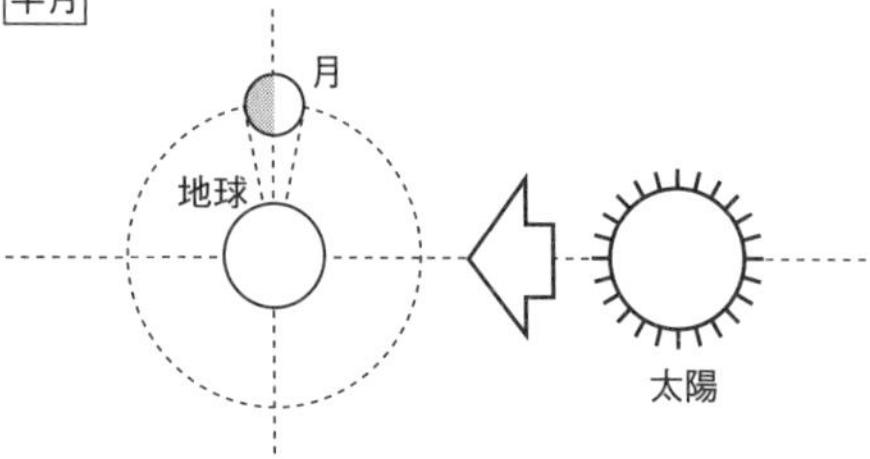

満月

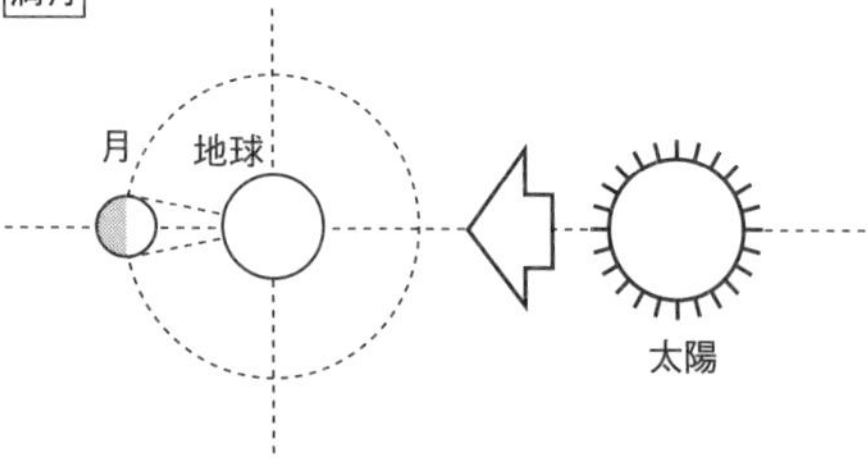

新月

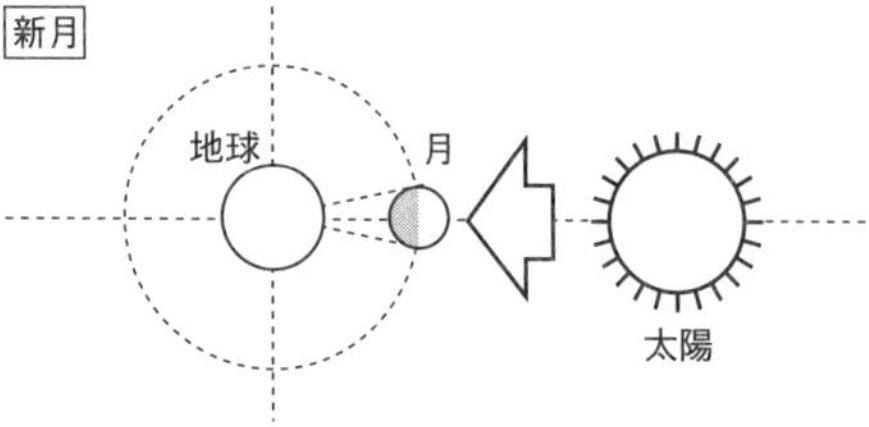

※地球から見たときに、光っている側が地球側にくれば満月になり、光ってない側がくれば新月になります。その間が半月や三日月になります。

わかりやすさはピクトに学べ

イメージで伝える、もっとも身近な例は、**ピクトグラム**です。

２０２０年の東京オリンピックに向けて、各所で準備が進んでいます。世界中から訪れる観光客に対応するための宿泊施設や交通インフラなどの整備も始まっています。

リオのオリンピック・パラリンピックでは、期間中に世界中から65万人を超える外国人観光客が訪れたそうです。東京オリンピックも、それ以上の観光客が訪れるでしょう。

そんななか、ピクトグラムを改定しようという動きが出ています。

ピクトグラムとは、非常口やトイレ、レストラン、インフォメーションの場所を表す図記号のこと。あなたも一度は目にしたことがあるはずです。日本で本格的にピクトグラムが使われたのは１９６４年の東京オリンピックのとき。世界各国から日本にやってきた外国人観光客が、言葉がわからなくてもスムーズに移動できるように施設に設置されました。

1964年の東京オリンピックのピクトグラムは世界中から高評価を受け、その後日本国内に広がっていきました。標準的なものについては日本工業規格（JIS）化され、今では約140種類が規定されています。

しかし、日本でお馴染みのピクトグラムも国際標準と比べるとデザインが異なり、外国人に伝わらない可能性があるというのです。

たとえば、温泉マーク。

日本人にはお馴染みですが、外国からの観光客には「温かい料理を出す店」と勘違いされる可能性があります。そこで、人のピクトが追加される案が検討されていますが、日本人には逆にわかりにくくなる恐れもあります。わかりやすさに答えが一つとは限らないわけです。

なお、このピクトグラムには、時代に合わせた無線LANや祈祷室なども追加されます。

さらに最近注目を集めているのが「**インフォグラフィック**」です。

これは情報やデータ、知識をイラストやグラフで描くことで、よりわかりやすくす

日本の規格と国際規格で異なる表示もある

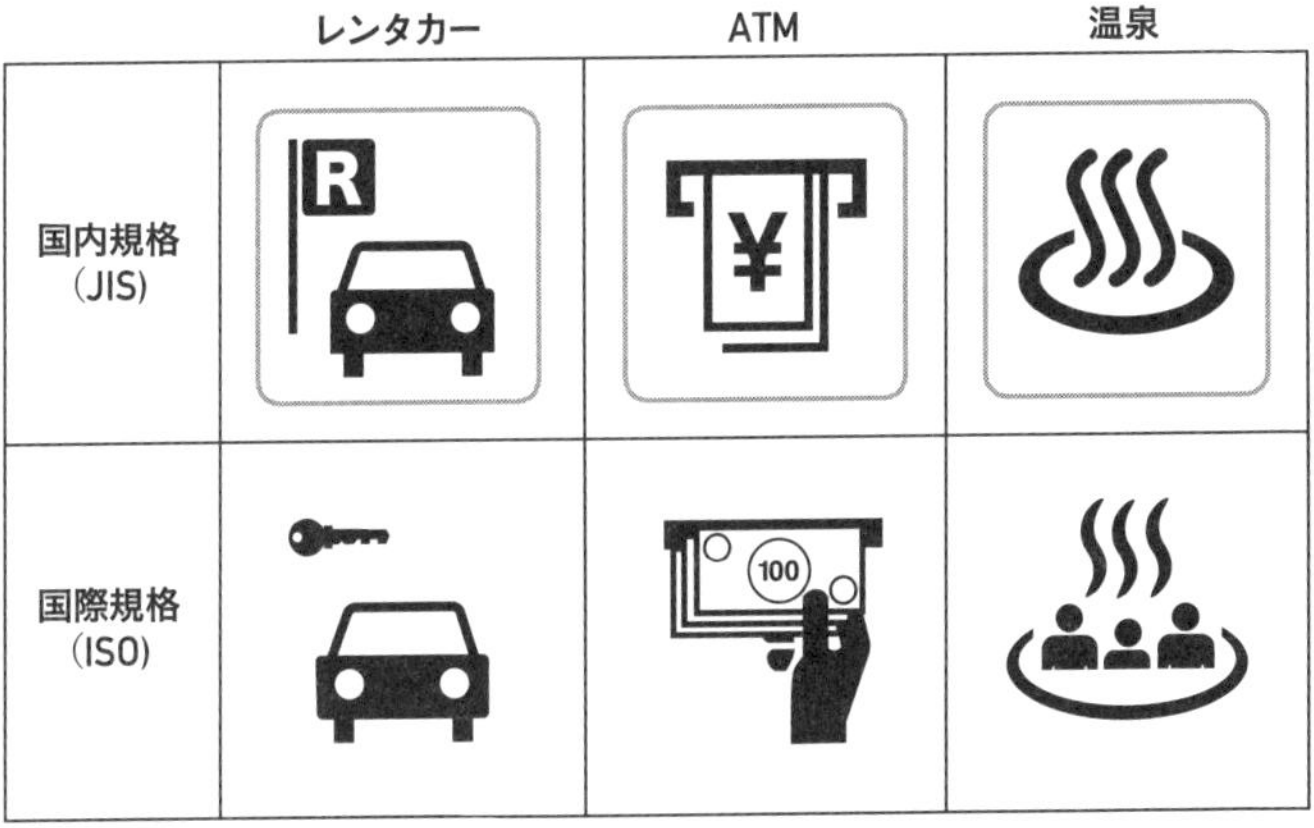

る工夫をした図のことです。キャッチーなデザインと凝縮された情報がわかりやすく人気です。

　これらを見ても、いかに世の中がわかりやすさを求め、脳内に瞬時に絵を描かせようとしているかが読み取れると思います。

卒業後三十年以上経ってそうなのに大学のロゴ入りトレーナーを着ているおじさん
ヨレ・・・
OXFORD
都内の大学で目撃
物持ちが良いのは素晴しいですが・・・

2章

教養人が使っている「わかりやすさ」10の技術

突然ですが、質問です

わかりやすく伝えるコツは、「相手の脳内で上手に絵を描かせること」でした。

そのために意識すべきは、相手の想像力に訴える言葉で伝えること。

相手があなたの伝えたいことと、同じ絵を描くことができれば「わかりやすい！」となります。ここまで、そんなお話をしてきました。

では、もう少し実践的に、実際の会話のシーンを想定して、「わかりやすさ」について紹介しましょう。いずれも私が、テレビのコメンテーターや、講演で使っている実践テクニックですので、効果は保証付きです（笑）。


ここ数年で、「人工知能（ＡＩ）」の話題を耳にすることが増えました。

あなたは人工知能を正しく理解していますか。

それを、第三者に正しく伝えることができますか。

もしも、あなたが「人工知能について、わかりやすく説明して！」といわれたら、どんな説明をするでしょうか。

教養バカな人ほど、

「人工知能の説明なんて、かんたんですよ」

といいながら、したり顔で「ニューラルネットワーク」や「ディープ・ラーニング」の話を始めるかもしれません。

しかし、いきなり専門用語を使ったのでは、専門外の人には、当然わかってもらえません。

だからといって、ニュースで見聞きしたことだけで話しても伝わりにくい。たとえば……、

Google DeepMindが開発したコンピューター囲碁プログラムがプロの囲碁棋士を破ったんです。

最近では、人工知能が組み込まれた家電が並べられています。

「人参と豚肉で何が作れる？」

「メインはクリームシチューなんだけど、付け合わせどうしよう？」
と人工知能のオーブンレンジに相談すると、季節や食べたものの履歴から類推して、
「この料理はいかがですか？」
とレシピを提案してくれる。これが人工知能です！

……たしかにイメージは伝わります。伝わりますが、肝心の「人工知能とは何か？」の答えにはなっていない気もします。

私がテレビのコメンテーターとして、みなさんにわかりやすく説明するならば、人工知能の専門的な説明はざっくりにして、情報と具体例を多めに説明するでしょう。

たとえば、こんな感じです。

「人工知能は自分で勝手に勉強していくしくみを持つようにプログラミングされたコンピューターです。人間のように勉強したり、本を読んだりして、知識を増やしていき、自ら答えを出していきます（※③）。

人間の脳と同じような働きですが、人工の知能なので細胞や血管の代わりに、シリコンチップや銅線が使われています。

さて（※①）、この人工知能が発達すると起きるといわれているのが、第4次産業革命（※②）です。

過去の産業革命では、人間が行なっていた肉体労働を機械に任せて楽になりました。第4次産業革命は、人間が頭を使ってやってきたことをコンピューターに置き換えて楽をしましょうというものです。

たとえば、役所や会社の手続きや書類整理、会計の計算など、処理の仕方にルールがあるものはコンピューターで代替できます。それらの仕事はコンピューターに任せて、人間は空いた時間をクリエイティブな作業に使うことができます。

人間は楽ができてよさそうな感じもしますが、怖い話もあります。人間の仕事が人工知能に奪われるのです（※②）。

２０１５年12月に野村総合研究所が発表したデータによると、将来的には日本の労働人口の49％が人工知能やロボットに代替される可能性があるそうです。将来、人間とロボットが仕事を奪い合う時代がくるかもしれません。

さらに人工知能がどんどんと発達すると、人間では制御できなくなるというSF映画のような出来事が起こるかもしれません。

しかし（※①）、専門家によると「自分で考えて行動する」のはとてもクリエイティブなことで、現段階ではそこまで到達していないそうです。彼らが今できるのはパターン化されたことだけ。

人工知能はまだまだ発達段階であるという一方で、専門家は人工知能のアルファ碁がプロ囲碁棋士を負かしたことに驚いたそうです。

なぜなら（※①）、碁は「人類が作り出した最も複雑なゲーム」といわれ、想像力が必要なクリエイティブなものだからです。人工知能がプロ囲碁棋士に勝つのは10年以上先という見方が多かったのですが、予想以上に早く勝利したため、驚きの声が上がったのです。

最初に説明しましたが（※③）、人工知能は自分で勝手に勉強していくしくみを持つようにプログラミングされたコンピューターです。学習スピードが格段に上がって、どんどん進化しているということなのかもしれませんね」


私の人工知能の説明はいかがでしょう。

あなたの頭の中に「人工知能の絵」が描けたでしょうか？


ここで注目してほしいのは、説明の間にあった「※①〜③」です。

これから紹介する、教養人が使う、わかりやすさの王道10の技術を実際に使ったものです。

どんなものか。具体的に紹介していきましょう。

技術① 一瞬でロジカルになる！　つなぎの言葉

「たとえば」「だから」「つまり」「しかし」。

先ほどの人工知能の説明では（※①）の部分に出てきます。

相手にわかりやすく伝える手段として「つなぎの言葉」、いわゆる接続詞はとても大切です。

なぜか。接続詞は次にくる話や文がどんな内容かの合図、前振りになるからです。「たとえば」の後は例文、たとえ話がくる。「だから」の後は結果や結論がくる。「そして」「しかも」の後は、前の内容と似たような話がくる。「つまり」は前の内容を要約した話がくる。「しかし」「反対に」は前の内容と逆の話がくる……。

会話や文章の中でつなぎの言葉（接続詞）を強調すると、伝える相手への合図になり、相手が、次の展開を予測することができます。

絵を描いてもらうときには、相手に先を予測してもらうことがとても大切なのです。

人の話を聞いているとき、頭の中は論理モードになっています。

これは内容を理解したり、つじつまが合っているか確認したりするためです。

「つなぎの言葉」は、脳への合図となり、次の話を予測させます。すると、脳は「受け入れ万全の態勢」になり、話をちゃんと聞けるようになるのです。

さらに、つなぎの言葉から、次の言葉を話し始めるまでの「間《ま》」を空けるのも効果的です。ほんの少しの間（3秒ほど）をとると、相手が思考を切り替える準備の時間になるからです。

技術② 相手を前のめりに！　脳内にハテナをつくる

つなぎの言葉で、相手が頭の中に絵を描くための準備をさせることをお伝えしました。ここから話を進めるにあたって、話に興味を持ち続けてもらわなければなりません。そのための技術として使えるのが、「**脳内にハテナを作る**」。

相手が、耳馴染みのないキーワードを、あえて話のなかに入れ込むのです。

「えっ？　なにそれ？」

相手が驚きとともに、前のめりになったら成功です。

脳内に「ハテナ」が生まれたら、それを解消したくなるのが人間の性。

先ほどの人工知能の説明では、（※②）の部分、「第4次産業革命」「人間の仕事が人工知能に奪われる」というキーワードを、あえて入れています。

相手の頭にハテナができれば、後はかんたんです。それを解消する話を展開すればよいのです。

ただ、ハテナに対しては、きちんとした答えを提示しないと相手は納得してくれません。よくできた物語は伏線をきちんと回収してくれるから気持ちいいのです。

ハテナ展開で気をつけなければいけないのは、相手に浮かばせるハテナの数です。ハテナは一つ。2つ目のハテナを出すときは、前のハテナを解消してからにしましょう。相手の頭の中がハテナ×ハテナ×ハテナになってしまうと、こちらの説明が大変です。張りすぎた伏線はすべて回収しないと消化不良に。最終的に「こいつは何いっているんだ?」と思われたら最悪です。

技術③ 言葉のミニマリズム! 一文は短く

あなたは「A」と「B」、どちらの文がわかりやすいと感じますか?

A:「シリコンチップや銅線でできた人工知能は人間の脳と同じように自分で勝手に勉強するようなしくみをプログラミングされているため、人間と同じように勉強したり、本を読んだりして知識を増やしていき、その知識を使って人工知能自らが答えを出していきます」

B：「人工知能は自分で勝手に勉強していきます。そのようにプログラミングされたコンピューターなんです。人間のように勉強したり、本を読んだりして知識を増やしていきます。自ら答えを出していきます。人間の脳と同じような働きですが、人工の知能なので細胞や血管の代わりに、シリコンチップや銅線を使います」

AもBも、内容は一緒です。

しかしAは一文、Bは5つの文に分けています。

話し言葉でも、書いた文章でも、一文は短いほうがよいのです。

これは**短い文章は主語と述語が近く、いいたいことを明確にしやすい**からです。

また文章は短いほうが、テンポがよくなり、次の文にいくときに「間」をとることができます。伝える相手が「間」を利用して、頭の中で「絵」を描いてくれます。一文が長いと、反対のことが起きますよね。

字数といえば、140文字の制限がある Twitter が頭に浮かびます。

なぜ140文字なのでしょうか。Twitter Japan の代表、近藤正晃ジェームス氏は過去のインタビューでその由来を語っています。

「Twitter の創業者であるジャック・ドーシー氏が、日本の「わびさび」についての本を読み、物事をシンプルにすると本質が見えるという美意識に共感したそうです。こうした考えから、140文字の制限が生まれたんですね。

ちなみにSMSの文字制限が160文字になったのは、テキスト・メッセージの生みの親といわれるフリードヘルム氏の研究によるもの。

彼は実験を重ね、まとまった意味を伝えるのに必要な文字数は160文字であると導き出しました。その後、別の機関が葉書に書かれる一文の文字数を調べた結果、ほとんどが150文字以下だということがわかったそうです。

また、短い言葉といえば、テレビ番組を見ているとよく目にするテロップ（字幕）。出演者のコメントや情報を補足するために入れていますが、ここ数年のテレビ番組では、音声を消しても、画面だけ見ていれば内容がわかるほど多用されています。

一つのテロップの文字数はおよそ15文字。これには理由があって、文字数が多いと視聴者は一瞬で理解できず、戸惑ってしまうのです。**人間が2秒で認識できる文字数の限度は、15文字**なのですね。洋画の字幕もほぼ同じ文字数です。長い文章になりがちの人は、Twitterやテロップを意識してみてはいかがでしょうか。

技術④ プロのプレゼンターが多用！　とにかく、3を使え

ここで伝えたいことは次の3つです。

1：日本人は「3」が好き
2：ポイントは3つに絞る
3：ポイントにはキャッチフレーズをつける

日本三景、世界三大美女、御三家、三本の矢、三本締め……。

日本人は「3」という数字が大好き。

相手に伝える要件・ポイントが多い場合は「3つ」に絞るほうが、わかりやすさが増します。話の最初に「ポイントが7つあります!」といわれたら「そんなにあるのか!?」と聞く気が起きません。

「ポイントは3つです!」といわれると、なぜか聞く気になれるので不思議なものです。「3つの話を聞けばいいんだな」という受け入れ態勢ができるからでしょう。伝えたいポイントが多くあるときでも、3つに整理してください。

そして伝える相手の印象に残るようにそれぞれにキャッチフレーズをつけましょう。これでわかりやすさは確実にアップします。

わかりやすさでお馴染みのジャーナリスト池上彰さんは、人に伝えるときに因数分解を活用しているそうです。どんなものでしょうか。

1:伝えたいことを決める

2：その中から共通している内容を探す（←ここが因数分解）
3：共通している点から伝える

たとえば、「18歳選挙権」「アメリカの銃社会」「イギリスのEU離脱」について伝えたいとします。この3つから「政策」というキーワードを取り出します。数式でいうと「政策＝日本の選挙＋アメリカの銃規制＋イギリスの外交」という感じでしょうか。「今日は世界の政策についてお話しします。取り上げる政策は3つです。日本の18歳の選挙権について、アメリカの銃規制について、そしてEUを離脱するイギリスの外交政策についてです」

このように伝えたい話を因数分解して共通している点を見つけ出し、それを先に相手に使えることでわかりやすくなるとしています。池上解説には、さらに「そもそもは……」や「たとえば……」などの接続詞がプラスされるわけですから、わかりやすいといわれるのも納得です。

アメリカの元大統領ジョージ・W・ブッシュは2002年11月、ホワイトハウスの記者会見でこう語ったそうです。

「雇用の創造、そして経済保障、それから本土の防衛。この2つが我々の直面している最優先課題だ！」

あれ？　2つ？　うーん、文章を見る限り3つありますね……。こんなハテナはいりません（笑）。こういうときの数字は間違えないようにしましょう。

小池知事が都民の心をつかむ理由

現在、東京都知事をつとめる小池百合子氏は「わかりやすさ」を武器に、多くの支持を集めた人です。

都知事選挙では推薦を拒否された自民党都連を抵抗勢力に見立てて、劇場型の選挙戦を展開しました。知事に就任してからも、「都民ファースト」「アスリートファースト」というキーワードだけでなく、豊洲移転問題で都が提出した黒塗りの資料を「のり弁」と揶揄《やゆ》するなど、わかりやすさを展開しています。

これらのキャッチフレーズはわかりやすく、痛快です。

キャッチフレーズは、ある人物、ある事柄などを凝縮したものです。端的に表現しているため、とてもわかりやすい。ちなみに次のキャッチフレーズは誰を指しているかわかりますか？

「人類史上最速の男」
「霊長類最強女子」
「音速の貴公子」
「和の鉄人」
「1000年に一人の美少女」
「初の女性都知事」

正解は「ウサイン・ボルト」「吉田沙保里」「アイルトン・セナ」「道場六三郎」「橋本環奈」「小池百合子」。やはりキャッチーなフレーズは印象に残りやすいですよね。

技術⑤ 「結論は、最初」かどうか決める

突然ですが、目の前に幕の内弁当があるとします。

あなたは大好きなおかずから、食べますか？

それとも苦手なおかずから、食べますか？

悩む質問ですよね。食べ方は、おかずの品や量、お腹の空き具合によって変わってくるのではないでしょうか。私は子どもの頃、好きなものは最後にとっておく性格だったので、苦手なものから食べていたところ、途中でお腹がいっぱいになってしまい、好きなものを残してしまったことがあります。

実は、わかりやすさにも、「大事なものをいつ食べるか」問題がついてまわります。「話し方」をテーマにした本の多くが、「結論は最初に伝えるほうがよい」としています。幕の内弁当でいうと大好きなおかずを最初に食べるタイプです。

聞くほうは、まず結論をいってもらうと、話の方向性がわかるので頭の中を切り替えやすくなるのです。

たとえば、あなたがはじめてオセロをする人にルールを教えるとします。

どんなことから伝えますか？

「白い石の両端を黒い石で挟むと白に変えることができる」

「最後に石の数が多いほうが勝ち」

「四隅が大切」

はじめてオセロをやる人に伝えるルールとして、最初に「四隅が大切」を選ぶ人はいないはずです。まずは大まかにルールを説明して、そのあと、細かいルールや戦略を説明していくのではないでしょうか。将棋もまずは「王将を取り合うゲーム」という大まかなルールを説明するはずです。桂馬の動きから説明する人はいませんよね。

このように、**結論をズバッといわれたほうが話は早い**のです。

もちろん、結論までのステップが2～3つでしたら順を追って説明したほうがわかりやすい場合もあります。

しかし、ステップが多くなる場合は、相手が自分の話に確実に最後までついてきてくれるという保証はありません。途中で飽きられてしまう可能性も大いにあります。そうした心配がある場合は結論から入り、興味をもたせる話の展開にするほうが得策です。単純でわかりやすい絵描き歌の場合は迷いも少なく、サプライズ感をもたせることもできます。

相手に描き上げる能力があるのか見極めるのはあなた。

自分が描かせたい完成形の「絵」を相手に描かせることができるか。相手の描いた「絵」が自分の想定と全く違うものだったら、何も伝わっていないということなのです。

毎日の新聞でわかりやすさを磨く

新聞記事には、本文の前に「リード」と呼ばれる前文があります。

リードでは、ニュースのポイントを短くまとめています。いわば結論です。

時間がないときは、ここだけ読めば内容がざっくりわかります。読者はまずリードでこれから頭の中に描く「絵」の方向性を確認し、ある程度の下描きをつくります。そこから本文を読むと、「絵」を描き上げるのが楽になるだけでなく、細部に配慮しながら、描くことができるのです。

テレビのニュースにもリードがあります。「どこでこんな事件がありました」と概要を説明してから、そのあとに詳細を伝えています。

お笑いにもテーマを伝えるリードがあります。たとえば、お笑い芸人さんが身の周りで起きたエピソードを話し始めるときに、

「この間、アメリカに行ったときの話なんですけど……」

「これはうちの母ちゃんの話なんですけど……」

リードがあるだけで、頭の中に、下描きができるのです。

ピアノ上達の意外な秘訣とは？

結論になかなかいかず、まわりくどい話し方をする人を見ると、私はいつも自分が苦しんだピアノのレッスンを思い出します。

ピアノのレッスンには昔からのメソッドがあり、練習曲の定番としてバイエルとツェルニーが使われています。「バイエルが終わったら、まずはツェルニー１００番

をやって、次に30番をやりましょう」という感じですね。

でも、必ずしもプロになりたいわけでない大多数の生徒にとって、これが本当に意味のある練習法なのかと疑問に思うのです。

ピアノを習うきっかけとして、弾きたい曲があったはずです。ベートーベンやモーツァルト、ショパン、もしくはポップスやジャズかもしれません。しかし、昔ながらのレッスンでは自分が弾きたい曲を練習せずに、基礎練習に重点が置かれます。ベートーベンの『月光』を弾きたくてピアノを始めたのに、毎日、単調な練習曲の繰り返し。ピアノが嫌いになってしまうかもしれません。自分がゴールとする曲を、最初から練習するほうが効果的だと思うのです。もちろん、いきなり原曲は弾けませんから、やさしい楽譜からでかまいません。

そして、ツェルニーの30番を弾くにしても、練習前にこの曲を練習する理由を伝えてくれたらより積極的に意欲的になれるはずです。

「ベートーベンの『月光』の原曲が弾けるようになるために、がんばって練習曲をやりましょう」

そういってもらえれば、意欲もわきますよね。

実は、ピアノのように、技術を教えたり、習得したりする場面でも、話の伝え方が大事です。

何が結論なのか、最初に明確にすることによって、成果は全く変わってくるのです。

技術⑥ 取扱注意！　二分法は伝え方の劇薬である

「ＹｅｓかＮｏか」

「ＡかＢか」

選択肢が２つなのでわかりやすく、テレビなどでよく使われる手法です。二分法といいます。

「アベノミクスは成功したと思いますか？　失敗したと思いますか？」

「北朝鮮と対話するべき？　強硬な態度をとるべき？」

しかし、便利でわかりやすい二分法、実は取扱注意なのです。

相手に投げかける二択はキャッチーに作られており、最初に提示される場合がほとんどです。しかし、選択肢が2つしかないため、いい切る必要があります。すると、間違った情報を与える可能性があるのです。

物事にはいろいろな側面があります。わかりやすさの観点からいうと、多角的に説明するほうが相手に伝わると、私は思っています。

たとえば、アベノミクスのニュースを取り上げるとき、

「アベノミクスは成功したと思いますか？　失敗したと思いますか？」

と2つを提示されて、どちらかの立場に立ったとします。

株価の側面から見ると、安倍総理が就任した当時の日経平均株価は1万円ほど。就任後、上がり続け一時は2万円を超えました。現在は1万9000円前後（2016年12月現在）です。

果たして、アベノミクスは成功なのか失敗なのか？

成功と見る人は、1万円だった日経平均株価が1万9000円まで上がったのですから、それを評価するかもしれません。失敗と見る人は、2万円をキープできなかったことを批判するかもしれません。

しかし、そもそもです。

アベノミクスは、国民の暮らしをよくしようと、デフレからの脱却をめざして始まった経済政策のはず。

であれば、評価されるのは株価だけではありません。デフレ脱却や、働いている人の給料が上がっているかどうかです。さらには個人消費や失業率、国が抱える借金の額も関係してきます。

経済という側面に限ってみてもいろいろな立場がある。そのなかで、「成功か、失敗か」の二択を一概に決められるでしょうか。その瞬間のわかりやすさだけを求めず、多角的に問題を見る視点も意識していきたいものです。

技術⑦ NHKのワザ！　話すスピードは1分間で300文字

相手に伝える際に意識すべきことは、メリハリ。

聞いているほうは同じ調子、ペースで喋られると退屈です。感情が平坦だからです。早い人は、1分で飽きがくるでしょう。感情に起伏があるほうが、聞き手も楽しいですよね。私は1分を目安に、話すペースを変え、笑いを誘ったりとメリハリをつけるように心がけています。

アナウンサーは、伝えるプロフェッショナルです。彼らの話し方は落ち着いていて心地よく、信頼感もあります。

元NHKアナウンサーで、現在はスピーチ・コンサルタントとして活動されている矢野香さんは、著書『NHK式+心理学　一分で一生の信頼を勝ち取る法』の中で、「NHKは1分間300文字が、相手に一番伝わりやすい理想の速度としている」と書いています。これはアナウンサーだけでなく、原稿を書く記者も、映像をつなぐディレクターも共通認識として持っているそうです。

ニュースを見ていると、ゆったりしたスピードで聞き取りやすいのはたしかです。少し早口かなと思う人は、1分間300文字のスピードを真似してみてはいかがでしょうか。

ただ、アナウンスの訓練をしていない人が、1分間300文字のペースで話すには慣れが必要です。

テレビ通販でお馴染みの「ジャパネットたかた」の創業者・高田明氏は、番組トークで1分間に537文字詰め込んでいたといいます。

NHKに比べると倍近いスピードですね。しかし、聞き取りづらくはなく、むしろ購買意欲をそそられます。NHKとジャパネット。話すスピードのバリエーションを持つという意味ではどちらも大変参考になるはずです。あなたなりのベストなスピードがどこにあるのか、周囲の反応に注意して、「もっとゆっくりしゃべってみよう」あるいは「もっとテンションを上げてキビキビしゃべってみよう」と工夫をしてみてはいかがでしょうか。

技術⑧ 結局、「準備する人」がすべて手に入れる

ここまで紹介してきた技術を駆使しても、「ぶっつけ本番」でわかりやすく説明することはとても難しいことです。

そこで私は、テレビに出演するとき、本番前にキャッチボールをして、リハーサルをします。もちろん、本当にキャッチボールをするわけではありません。言葉のキャッ

チボールです。

コメンテーターの役割の一つに番組で取り上げた言葉をわかりやすく解説するというものがあります。私はサイエンス作家なので、理系ジャンルの解説を求められます。マスコミで働く人の多くは文系出身なので、彼らにとって苦手な「科学」や「宇宙」について、わかりやすく解説してほしいとお願いされるのです。

たとえば、開発が進められている宇宙船に、日本メーカーの炭素繊維が使われるというニュースを解説することがありました。事前の打ち合わせでは、スタッフとこんなやりとりをします。

スタッフ「炭素繊維って何ですか？」

竹内「炭素繊維は非常に軽くて、長持ちする素材ですよ。カーボンファイバーです」

スタッフ「なぜそんなに強いんですか？　炭素ですよね？」

竹内「ダイヤモンドも炭素ですよね。ダイヤモンドはすごく硬いでしょ。ダイ

ヤモンドは重いから、それを繊維状にして軽くしたと思えばいいんです
よ。鉄より強く、アルミより軽いといわれています」
スタッフ「なるほど！」
私もスタッフを視聴者の代表として考え、言葉のキャッチボールの中で、「相手は
こういうことを知りたいのか」「こんな疑問を持つのか」ということを確認しています。
スタッフ「そういえば、カーボンって、テニスラケットにも使われていますよね」
竹内「そうです！　最近では、ゴルフクラブや飛行機にも使われています」
スタッフ「それ、イメージしやすいですね！」
スタッフの言葉を受け、身近な使用例を入れたほうがよりわかりやすく伝わるので
はないかという結論になりました。私が炭素繊維について最終的に伝えるべき相手は
視聴者です。でも視聴者はスタジオからは見えません。そこでスタッフという仮の視

聴者から、伝えるべき相手をイメージしているのです。

コメンテーターとして、毛嫌いされるのが上から目線の発言です。

私の知り合いもテレビを見ながら「偉そうに！」と腹が立ってチャンネルを変えることがしばしばあるそうです。やはり人に何かを説明するときは、相手がどんな人なのか、どんなことを望んでいるのか、意識するのが大切なのです。

技術⑨ ド忘れしても大丈夫！　最強の切り札

人間は、頭の中だけで考えることに限界があります。

そんなときは頭の中を「外」に出しましょう。考えていることを紙やノートなどに書き出すのです。すると、ビックリするぐらい頭の中が整理されます。

私はかつてプログラマーでした。コンピューターのプログラミングをするときは、設計図を書きます。「イエス」ならこっち、「ノー」ならこっち、というようにフローチャートで、道筋を図式化していきます。これを紙の上ですることで、全体像が見えてくるのです。

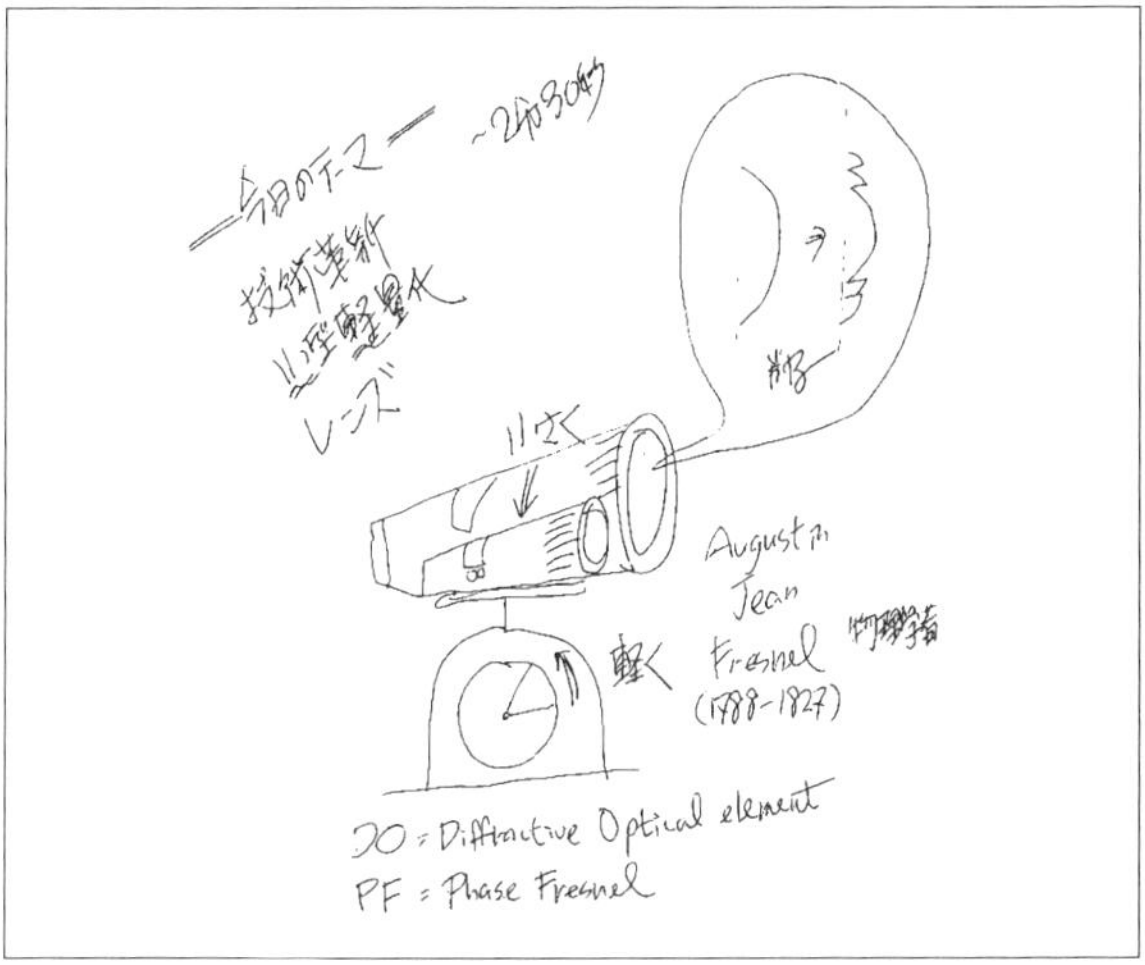

複雑になればなるほど、頭の中だけで整理することは難しくなります。**書き出すことで、何が重要なのか、どの順番がよいのかの構成も楽にできます。**

これは、人前で話すときの「カンニング・ペーパー」に応用できます。

いわゆるカンペは、自分しか見ないものなので書き方も人それぞれです。一字一句、全文を書く人。箇条書きにする人。シンプルにキーワードだけ書く人。

しかし、文字で書いてしまうといざというとき、参照しづらいですし、なにより話が棒読みになりがち。私がオススメのカンペは、「絵」。こんな感じです。

カンペを絵にしたのは、生放送のラジオがきっかけでした。

番組ではニュースを紹介したあとに、私がコメントをしていました。1～2分という短い時間で、自分の考えや用語の解説をして、情報を補足します。コメントの内容はニュースが決まってから考えるので、放送時間ギリギリになることがあります。当初は、コメントの内容を文章で書いていたのですが、時間がかかって間に合いません。仕方がないので、ニュースの要点を「絵」にしました。

政治家の発言や、原発事故の問題点。絵に情報を書き足してまとめます。いざ生放送でコメントするときは、一度流れを考えて絵にしているので、それを見ればバッチリです。

絵の利点は、いくつかの方向に動けること。生放送は時間との戦いもあるので、その場でコメントの選択など臨機応変に対応する必要があります。これが、一字一句書いたカンペだと、そうはいきません。書いてある文章をスラスラ読むのは、アナウンサーでない限り難しいものです。

それなら、箇条書きならいいんじゃないかと思うかもしれませんが、実は箇条書きは、流れが一方通行のことが多く、柔軟さが求められる場面では応用力に欠けます。

これまで文章や箇条書きでカンペを書いていたあなた。絵にすれば、新しい発見があるかもしれません。ぜひ試してみてください。

技術⑩ ワンランク上の聞き方「つまり、こういうことですか？」

最後に自分が聞き手の立場での技術を紹介します。

相手がわかりやすく伝えてくれるに越したことはないですが、そうではない場合も多いもの。こちらから合いの手を入れて、相手のいいたいことを引き出し、まとめてあげましょう。

私が番組やイベントでMCをつとめるときも、話がダラダラと長い人がいます。

そんなときは、話し終わった後に、

「つまり、こういうことですか？」

と要約するようにしています。これには、2つの目的があります。

一つは、視聴者や客席のみなさんに話の目的を再提示すること。

人間は、新しい情報は、一回聞くだけで理解できないことがあります。そこで、ポイントとなるキーワードをもう一度押さえてあげると「そういうことか！」と理解が進むのです。

もう一つはペースをコントロールするためです。聞いたことを理解するには頭を整理する時間が必要なのです。「間」を空けることでそのための時間が稼げます。要約が間違ってなければ、「そうそう」とリアクションしてくれますし、ニュアンスが違う場合は相手が修正してくれます。

注意事項が一つ。「つまり、こういうことですか？」は疑問形にしてください。「つまり、こういうことですよね」といういい方は上から目線で角が立つ場合があります。

3章

あなたの周りの「教養バカ」7つのタイプ

話がおもしろい人、つまらない人

話し方に教養があって、おもしろい人がいます。

たとえば、落語家さん。彼らは言葉だけで、聞き手を違う世界に瞬時に移動させてしまいます。見知らぬ殿様や町人のやりとりが、まさに今、目の前で起きているかのように語ります。聞き手の頭の中に、江戸時代の絵を描かせてくれるのです。まるで映画を見ているかのようです。落語家さんの頭の中にあるユーモラスな絵が、言葉を通じて、見事に聞き手の頭の中にも再現される。だから、笑えるのです。

その対極にいるのが、話がつまらない人です。私もこれまでに大変な目にあってきました。

どんなに教養を身につけたとしても、アウトプットがうまくできなければ、ないも同然、というのはこれまで見てきた通りです。

でも、安心してください。

教養を身につけるのは一朝一夕とはいきませんが、話をわかりやすくするのは、コツさえつかめばかんたんです。

この章では、教養バカを脱するための第一歩として、話し方の悪いクセを紹介します。まずは悪いクセに気づく。それだけで、わかりやすい人に変身できるのです。

教養バカ① いつ終わるのかわからない！　長話族

以前出席した結婚式でのこと。

スピーチに立ったのは新郎の会社の上司でした。その人は最初に新郎新婦に「おめでとう」と伝えた後、いきなり自分の生い立ちを話し始めました。そこに新郎新婦が絡んでくるのかと思いきや一切出てきません。しかも、映画や小説になりそうな壮絶なエピソードや武勇伝も語られることなく、いわば普通のおじさんの人生が延々と語られました。案の定、客席にはしらけムードが漂い、ただ終わるのを待つばかり……。

なぜこの人は急に自分のことを語り始めたのか。

スピーチをするにあたり、自分が何者なのかをみんなに伝えようとしたのではないでしょうか。何者かを知ってもらえばスピーチを聞いてもらえると。しかし、この作戦は全くの逆効果です。

数多く出版されている話し方のHow to本。

ほとんどが「結論から話しましょう」とすすめています（本書でも、70ページの技術⑤で解説しました）。ということは、結論に到達するまでに長〜い前置きや、関係ない話、長々とした説明をしている人が多いということなのでしょう。

話が脱線するのが悪いというわけではありません。わざと脱線して場を盛り上げたりすることもあります。しかし、結論までが長い人の話を聞いていて「わかりづらい」「イライラする」と感じるのは、途中で何の話を聞かされているのかわからなくなるからです。

脳内に「絵」を描くときにもっとも大切なのは主役です。

画用紙を前にして右下の角の脇役から「絵」を描き始める人は少ないですよね。メインだと思って頑張って描いたのに実は脇役だったと知らされたら、とてもガッカリします。

だからまずは「今日はりんごを描きます」「山の絵を描きます」と結論からいわれるほうが頭が切り替えられ、描きやすいのです。

新郎新婦の話かと思いきや見知らぬおじさんのたわいない身の上話。頭の中に「絵」を想像するだけ無駄です。結婚式の主役はあくまでも新郎新婦なので、スピーチでの結論は新郎新婦への祝福の言葉です。その間をつなぐのは、上司が知っている新郎新婦の人となりが伝わるエピソードでＯＫなのです。限られた時間の中で、スピーチする人のプロフィールなど、はっきりいってどうでもよいのです。

教養バカ② 正しさにこだわりすぎる！　専門用語・連発族

「むかしむかし、ジャストアイデアでシンデレラと呼ばれているF1の美しい娘がエンゲージメントを構築できずに暮らしていました。（中略）テッペンを回ったら、馬車もドレスも靴もクライアントに返さなければいけません。（中略）シンデレラと名刺交換していなかったご子息は『あと1分いい？』と引き止めましたが、『ニュアンスはアグリーです』そういい残しNRしてしまいました」

以前、インターネットで話題になった「広告用語で『シンデレラ』を読んでみた」の記事の一部です。書いたのは元大手広告代理店のコピーライター・CMプランナー、西島知宏さん。広告代理店の人たちの会話に出てきそうな言葉が散りばめられていて、クスッときます。


いわゆる業界用語や、素人には難しい専門用語を多用する人がいます。もちろん同じ業界の人、専門家同士の会話であれば問題ないのですが、専門用語連発族は相手が誰であっても専門用語を使います。

たとえば、パソコンの使い方がわからなくて、詳しい人に質問したとします。相手が専門用語連発族だったら大変です。

詳しいだけに手順は教えてくれるのですが、ショートカットキーを使ったり、素人には覚えきれない手順を高速で展開して、「これがベストのやり方だから！」と押し付ける。パソコンの素人だから質問しているのに、パソコン知識がある人に向けた用語をバンバン使ってくる。結局、説明がわかりづらい。質問した自分に非があるように感じてしまう。あなたの周りにも、こんな人いませんか。

とくに理系の世界は、専門用語連発族がたくさんいます。

理系の人たちには「詳しく正確に説明することこそ、丁寧な説明だ！」と思っているフシがあります。専門用語を使うことで、正確な説明ができると思い込んでいる。しかも、相手に知識があるかどうかはおかまいなし。

さらに研究者には、「ピアプレッシャー」というものがあります。

ピアというのは同僚です。つまり同僚からの圧力。

理系の世界では研究者仲間からどう見られているのか、すごく気にします。

自分が発表したものに対して、ほかの研究者から「正確じゃない」と批判されることをいやがるのです。話すときも、一般人ではなく、研究者を意識してしまうことが多くなります。

以前、とある科学者を取材しました。

専門用語連発族だったので、私は一般の読者にわかりやすいよう比喩を使って、噛み砕いた原稿に変換しました。

その後、事実関係をチェックしてもらうために、科学者に原稿を送ったら、真っ赤に直されて返ってきました。そして、得意げに、

「正確さを心がけました！」

と一言添えてあったのです。はぁ……。

この一件以降、取材先の科学者には、

「読者は一般の方です。専門用語を使わずに説明しなくては、ほとんど何も伝わりません。そのため、学問的な正確さとわかりやすさのバランスを取りますが、ご了承ください」

と申し添えることにしました。

専門用語で女性を口説くの愚

専門用語で思い出す有名な物理学者のエピソードです。この物理学者はデートのと

きに、女性と星空を見上げ、ロマンチックなムードに浸っていました。

しかし彼が星空を見上げて発した言葉は、

「この地球上であの星が燃える原理を知っているのは俺しかいない」

いくら得意分野だからといって「あの綺麗な星は、実はものすごい核反応が起きて、水素が燃えて、それがヘリウムになって……」と語ったところで、女性は喜ぶはずがありません。デートの失敗する確率が天文学的に大きくなるだけです。

こんな話も聞いたことがあります。

ダイエットに成功した女性が、うれしそうに仲間たちにダイエット方法を紹介していたそうです。それを聞いた理系男子が、突如、ダイエット法を科学的に証明しはじめて、女性陣にドン引きされたとか。自分の専門分野にはみんなが興味をもつ、専門用語はみんなが知っているという思い込みには、くれぐれも気をつけましょう。

専門用語連発族の中にはコンプレックス科もいます。

この人たちは正確さにこだわっているのではなく、自分の実力のなさを見破られないように難しい言葉をあえて使います。

「アグリー」「エビデンス」「ステークホルダー」など流行りのカタカナ語を連発して、相手を煙に巻く。難しい言葉を使うことで実力以上の人間に見せようとする。マスコミや広告代理店に多い気がします。

教養バカ③「間違っちゃいけない」が生む悲劇　メモ朗読族

準備してきたメモを必死に読む人がいます。

間違えちゃいけないという思い込みから、話す内容を書いたメモを、一言も間違えないよう「朗読」しているのです。

以前、出席したシンポジウムで登壇した人がまさにこれでした。

用意してきたメモを机の上に置き、ずっと下を向いて読んでいる。結局、この人が話している表情を、一度も見ることがなく終了しました。

メモ朗読族は、目線がメモにばかり向くので、声が聞き取りづらく、客席と目が合うこともありません。なので、聞いている人のつまらなそうな反応には気がつかない。

しかも、メモ朗読族は、話に抑揚がないので、聞いているほうは単調でつまらない印象を受けます。下を向きながら、言葉に感情を込めるのは、プロでもなかなか難しいことです。

さらに、メモ朗読族の一番厄介なところは、準備してきたメモを読み終わるまで、話が終わらないという点です。自分の伝えたいことはすべてメモに書いてあるので、これを伝えきるまで終わりません。客席の反応が悪くても早めに切り上げることは一切ない。

本番で頭が真っ白になってしまったときのために、メモを準備する気持ちはわかりますし、それ自体はリスクヘッジという意味で間違っていません。しかし、メモの朗読は、聞き手を無視した、自分本位の伝え方になっているのです。

いい間違えないことよりも大切なのは、相手の反応を見ること。反応を見ながら、準備してきた言葉を変える勇気が大切なのです。

では、相手の反応を見るにはどうすればよいか。私が実践しているコツをお伝えしましょう。

私は月に何度か、日本各地から講演に呼ばれます。そのとき、事前に聞きに来るお客さんの属性（世代・性別）を聞いておいて、それに合わせて話す内容を決めます。しかし、どんなに準備万端で当日を迎えても、お客さんの反応が悪いこともあるものです。

そこで、私が一番敏感になるのは、お客さんの「あくび」。

会場が100人であっても500人であっても、ステージで話していると、あくびをしている人はわかります。

「退屈だ」という意思表示として、あくびは本当にわかりやすい。私は客席であくびをしている人を2人発見したら、ヤバいと感じ、話題を変えるようにしています。

落語家の立川談志さんが、落語会の席上で居眠りをしているお客さんを見つけ、落語を中断する騒動がありました。主催者が居眠りしたお客さんを退出させて、落語は続けられたのですが、後日、騒動が大きくなりました。退出させられたお客さんが、名誉を傷つけられたとして裁判を起こし、損害賠償を請求してきたのです。

結果、居眠りしたお客さんの主張は却下されました。談志さんは、「寝たことに怒ったのではなく、お客さんとの空間を壊されたことに腹が立った」とコメントしています。お客さんを大切にする談志さんらしいエピソードです。いかに彼が客席を注意深く見ていたか、うかがい知ることができますね。

教養バカ④　一度つかまると逃げられない！　リピート族

同じ話を繰り返すタイプの人たちです。

繰り返す内容によって評価は大きくわかれます。大切な内容や相手が聞き取れていない箇所を繰り返す人はまだいいのです。

多くの場合は、「さっき聞いたよ」「またかよ」とうんざりするパターン。伝える側の頭の中が整理されておらず、話があちこちに飛んでしまっています。

人間の脳は一度了承したことを何度も繰り返されると、生理的に受け付けなくなります。「同じ内容だ」と思うと興味がもてなくなり、馬耳東風。右の耳から左の耳にビュンビュンと流れていきます。頭の中に描いた絵を、何度も描くのが苦痛なのです。

リピート族の中でも厄介なのが、エピソードごとリピートする人たちです。酔っ払ったおじさんに多いですね。

「俺の若いときは……」「この間さぁ……」で始まる思い出話です。

経験上、これらの話に耳を傾けるべき大切な要素はほぼありません。映画のような劇的なストーリーではないのですから、ゲンナリ。

「出ました！　いつものやつですね」

チクっとツッコミを入れたら、回数は減るかもしれませんが……私は試したことがないので自己責任でお願いします（笑）。

教養バカ⑤　まとめればいいというものではない！　要するに族

「要するにですね……」

「つまりさぁ……」

話をまとめるのは、相手が「絵を描く」ためにとても大切なことです。

しかし、これを連発する人がいます。

一つの話を、一度だけまとめるから有効なのであって、何度もまとめてしまっては元も子もありません。しかも、「要するに」を連発する人に限って、まとまっていないことが多い。聞いているほうは、ストレスが溜まります。

「要するに」を頻繁に使うのは、自信家でその場を仕切りたがる性格の表れだという説があります。もしかしたら「要するに」連発の人の話には、自慢話が盛り込まれていて、鼻に付くこともあるかもしれません。肝心の話はわかりづらいからイライラする。なんとも困った悪循環です。

「要するに」という接続詞は、聞く側が使うこともあります。

相手の話を遮って「要するに、こういうことですよね？」と強引にまとめたがる人です。やはり自信家で仕切りたがり屋が多い。これもよほど上手に使わないと、相手から嫌われます。話す本人ではなく、他人が強引にまとめることで当初の結論と変わってしまうことがあるからです。

要するに「要するに」に気をつければいいのです。あ！（笑）

教養バカ⑥ 「あれ？　なんだっけ？」スムーズだけど心に残らない！　間なし族

全くよどみがなく、流暢《りゅうちょう》な話し方の人がいます。

すごいなぁと感心する一方で、聞き終わった後に「あれ、なんの話だったっけ？」と話の内容が何も残っていなかったということはありませんか。

実は、これには理由があります。

よどみがないということは、伝える側が気持ちよい自分本位のテンポで話が展開されているということ。この気持ちよいテンポというのが曲者《くせもの》で、いわゆる「間」がないのです。

聞き手側にとって「間」というのはとても大切。「間」があることで、聞き手は頭の中で聞いたことを整理したり、考えたりします。実際に絵を描くときも、手を止めて全体を確認しますよね。

よどみなく話す人は、わずかな時間も与えてくれないので、聞き手側は話を整理できないまま終わり、「あれ？　なんだっけ？」となってしまうのです。

さらに流暢に話す人は、次々と言葉が出てくるので情報をたくさん詰めこんだり、話が飛躍したりということもあります。しかし、聞き手側には整理する「間」が与えられない。適度な間は、相手のために必要なのです。音楽の世界でも音符と音符の間にある「休符」を大切にするのと同じです。

「立て板に水」というのも考えものですね。

ちなみに「立て板に水」の対義になる表現をご存じでしょうか。「横板に雨垂れ」だそうです。つまりながらものをいうこと、という意味で使われています。わかりやすい話し方は、この2つの「間（あいだ）」がちょうどよいでしょう。

教養バカ⑦　そのマウンティングにご注意！　高圧族

高圧族とは、上から目線の人たちです。

自分の主張を意地でも押し通したり、場を制圧しようと言葉づかいや態度が威圧的な人たちです。こんな態度を目の当たりにして、快く思う人はいませんよね。

私が以前、カルチャーセンターで物理学を教えていたときのことです。

授業が終わって、みんなで楽しくご飯を食べながら話しているのに、1人の生徒がなぜか高圧的な言葉で、周りの人を叩きのめしているのです。

「それは違うんじゃないですか」

ケンカ腰で突っかかったり、人が話しているのに、

「ちょっといいですか?」

と遮って別の話を始めたり。やたらと自分のすごさを強調して、自分の意見に同調させようとします。

テレビやトークイベントでも、討論形式の企画があります。その場にも、高圧族は出没します。実は、空気を制圧するのはかんたんなんです。たとえば、目立った発言をしている人をターゲットにして、「それはちょっと違うと思う」とその人の話を否定します。するとスタジオや会場の空気が「お、そうかもしれないな」と変わり始めます。

その後に自論を展開すればみな聞く耳を持ってくれるというわけですが、実は話の内容が先ほどの否定とはズレていることも多いのです。冷静に聞いていると、たいし

た内容ではないことも……。勢いだけで相手を否定して、注目を集める話し方は、個人的にもあまり好きではありません。

やたら高圧的な態度をとるのは、弱さの裏返しなのかもしれませんね。いずれにせよ、高圧族の話し方は、場をしらけさせてしまいます。

以前、私の出身大学について糾弾を受けたことがあります。

私の卒業校は、マギル大学というカナダの大学です。でも、日本では知名度が低いのです。そこで、ある人から、「え？　マギル大学？　どこにあるんですか？　聞いたことないなぁ」と上から目線でいわれたことがあります。

しかし、イギリスの大学評価機関、クアクアレリ・シモンズ（ＱＳ）が毎年発表している「世界大学ランキング」では、マギル大学は、東京大学よりも上の順位にある大学です。

このランキングは「研究者からの評価」「教員1人当たりの論文引用数」「留学生比率」をポイント化して算出されます。２０１６年版では、1位はマサチューセッツ工科大学（アメリカ）、2位・スタンフォード大学（アメリカ）、3位・ハーバード大学（アメリカ）、4位・ケンブリッジ大学（イギリス）、5位・カリフォルニア工科大学（アメリカ）と続きます。そして、マギル大学は30位。東京大学は34位でした（それでも日本の大学としてはトップ）。

私は、マギル大学が東京大学より順位が上だということを強調したいわけでも、学歴を誇りたいわけでもありませんし、QSの評価が絶対だとも思っていません。ただ、世界には日本人が知らない大学がまだまだたくさんあるし、東大が一番とは限らないのです。井の中の蛙にならないために、自分の知識だけで相手を糾弾することは控えておいたほうがいいでしょう。

4章

語彙力こそが「わかりやすさ」である

すべて「ヤバい」と表現する人たち

以前に話題になったツイートがあります。シナリオライターの加神サキさんの「さらに語彙力のないわたし」というツイートです。

図にある「語彙力のあるフォロワーさん」が使う言葉は29種類、それに対して「語彙力のない腐女子のわたし」が使う言葉数は7つ。そして、すべてを飲み込む「わかる」の一言。

これが、語彙力が豊富だと表現がよりきめ細やかになります。「かわいい」という言葉も、「可愛らしい」「愛くるしい」「チャーミング」「甘美」「奇麗」「可憐」と違う表現ができます。「かわいい」に包括されている「チャーミング」と「可憐」ですが、チャーミングは動きのあるかわいさ、可憐は静かなかわいさを感じさせます。

若者が多用する「ヤバい」も、現代では意味が広がっています。

もともとは「危険なこと」「よくないこと」に使う言葉でした。それが今では、うれしいときに「やばーい！」、悲しいときに「ヤバい……」、美味しいものを食べて、「ヤ

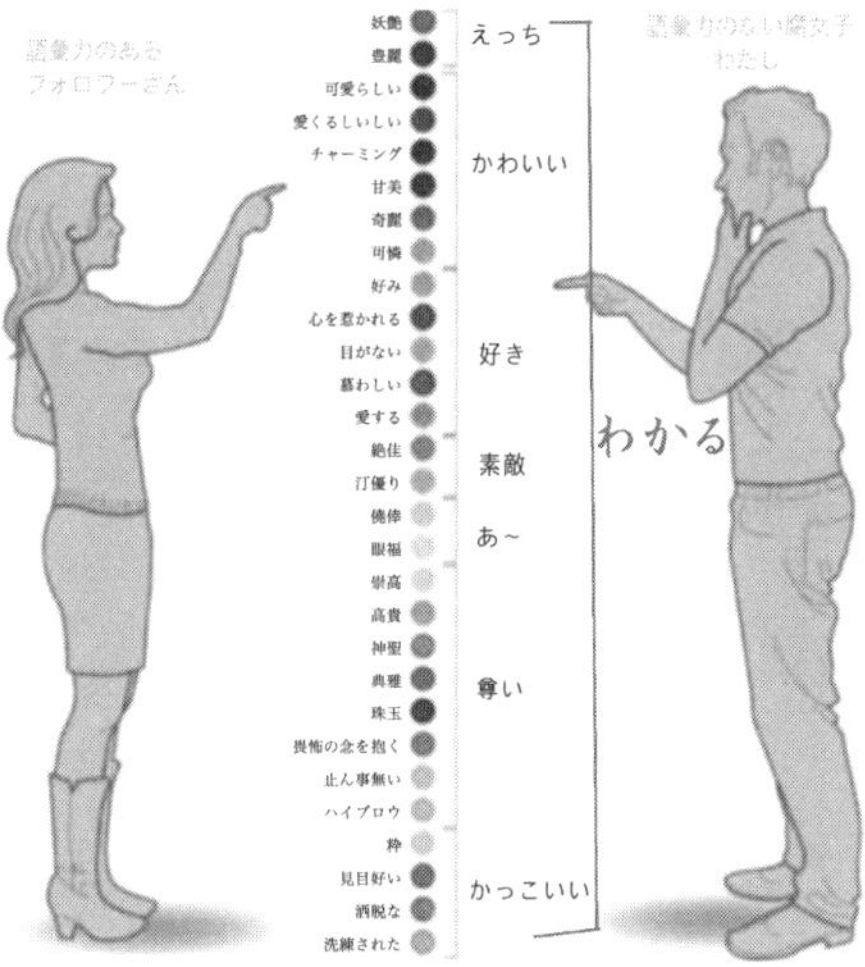

バイッ！」と、かなり守備範囲が広がりました。1日「ヤバい」だけで過ごせる人もいそうですね。前後の文脈があれば、会話は成立するのでしょうが、なんともいえません。

語彙が少ない＝思考パターンが少ない

あなたは物事を考えるとき、どこで考えていますか？

当たり前ですが、頭ですよね。

では頭はどのように考えているのか。

自分の頭の中にある言葉を使って考えています。ということは、**知っている言**

葉が多ければ多いほど、いろいろな角度から思考ができるということです。逆に、自分の頭にない言葉を使って考えることはできないのです。

たとえば「客観的」という言葉を知らないと、意図的に「客観的な」視点に立つことができず、客観的な考え方ができないといわれています。ある言葉を知らないと、その言葉が指す考え方ができないなんて、ちょっと衝撃的ではありませんか？

わかりやすさとは、「聞き手の頭の中に絵が浮かびやすい」こととお伝えしてきました。外部からの言葉を理解するときと同じく、自分が考えるときもまた、頭の中の言葉を使って「絵」を描いているのです。

知っている言葉の数を、色鉛筆の色としましょう。絵を描くとき、手持ちの色鉛筆の種類が多いほうが色あざやかな絵になります。同じように、**語彙力が多いほどきめ細やかな表現ができる**のです。

大人の平均的な語彙数は諸説ありますが、約5万語といわれています。

岩波書店の『広辞苑　第六版』に収録されている言葉は約24万語。なので、その5

分の1ぐらいですね。小学1年生だと1万語くらいでしょうか。

私は子どもの頃、語彙が多いことで、会話が楽になる経験をしました。

父の仕事の関係でニューヨークに行ったときのこと。小学3年生だった私は、英語が全くできないのに、現地の小学校に通うことになりました。会話も授業も、もちろん英語。先生や同級生が、何をいっているのかさっぱりわかりませんでした。身振り手振りで、なんとかコミュニケーションがとれるようになったものの、意思疎通がうまくいくわけではありません。

なんとかしなければと、買ってきたのが「子ども向け英単語」の本。

同級生や先生とのやりとりの中で、私に圧倒的に足りないのが、語彙力（単語の数）でした。同級生が日常的に使う単語が、5000個だとしたら、私は10分の1の500個ぐらい。桁が違うのです。この差を埋めるために、夏休みをかけて、英単語を必死に暗記しました。

そして迎えた休み明け。なんと、学校での会話がとても楽になったのです。

単語を覚えたことで、同級生たちの話している内容がわかり、こちらの言葉も相手に通じるようになりました。

英語も日本語も同じです。

実際に、私が頻繁に使っていた英単語は、100個だったのかもしれません。でも覚えた5000個の中から100個を使うのと、100個だけを覚えて、そればかり使うのとではどうしても違いが出てしまいます。伝える相手は千差万別。単語を数多く知っているだけで、どんな相手にも対応できるようになります。

宮沢賢治の言葉はきめ細やか

なぜ語彙が多いほうがよいのか。もう一つの理由を説明します。

それは、世界を切り取って表現するときの「ふるいの目」を非常に細かくできるからです。

宮沢賢治は推敲を重ねた作家でした。

最初の原稿がどう変わっていったのかの変遷《へんせん》を追っていくと、様々なことが見えてきます。重層構造になった、きめ細やかな言葉の世界があるのです。

たとえば、『銀河鉄道の夜』。

この作品の中に、こんな一節があります。

「カムパネルラは、まるい板のようになった地図を、しきりにぐるぐるまわしてみていました」

「まるい地図」とは何なのか。

これは星座早見盤なのではないか！　と思った私は、手元にそれを用意して、さらに作品をじっくりと読み進めました。

すると、ジョバンニとカムパネルラの会話が出てきます。

ジョバンニ　「もうじき白鳥の停車場だねえ」

カムパネルラ「ああ、十一時かっきりには着くんだよ」

この会話を読んでいてピンときました。

これは、銀河鉄道が夜の11時に白鳥座の駅に着く、ということではないかと思ったのです。そして手元の星座早見盤を、白鳥座が真ん中にくるように配置。すると夜の11時の目盛りには、8月13日あたりがきます。

さらに読み進めると、車掌のセリフが出てきます。

車掌「よろしゅうございます。南十字（サウザンクロス）へ着きますのは、次の第三時ころになります」

同じく、南十字星に3時に着くと解釈してみます。

北半球と南半球とでは昼夜が逆なので、午後3時に到着だと考えます。南天の星座早見盤で南十字星を真ん中に持ってきます。すると、やっぱり8月12日から13日に当たるのです。

つまり『銀河鉄道の夜』の場面設定は、科学的に考えると8月12日から13日の未明ということがわかります。しかも、この時期はペルセウス座流星群が出現し、流星の数がピークを迎える頃です。まさに銀河の祭りの夜という設定にぴったりじゃないですか！

あくまでも私なりの仮説ですが、科学的に信憑性が高い仮説だと考えています。宮沢賢治は長い時間をかけて、科学的につじつまが合うように銀河鉄道を運行している。こうした重層構造を発見できるととても楽しいものです。語彙をきめ細かくしていくと、世界の見え方も変わるでしょう。

作家は死んだ!?

作家が小説を書くときは、頭の中に書いているシーンが「絵」や「映像」として浮かんでいます。そのシーンを言語化し、文字という記号にしているのです。読者は作家が書いた文字を読み、頭の中で想像しながら映像化します。そこで感情移入が起きて、笑ったり、涙したりしているのです。

小説がベストセラーとなり映画化されると「この配役じゃない」「そのシーンは違う」といった声がよく上がりますが、これは当たり前のことです。映画というのは監督が原作を読んでイメージを膨らませ、映像化した作品だからです。原作の小説は読者一人一人が作家からの記号（文字）を受け取って、それぞれが自由にシーンを思い浮かべています。

フランスの哲学者ロラン・バルトはこの現象を「作者の死」と表現しました。

「物語は作者の意図通りに読まなくてもいい。読者が好きな読み方をして、それぞれ解釈すればいい」

「作者は作品を支配できず、読者に解釈を任せなければならない」

ロラン・バルトはそう主張しました。私たちは作品の解釈を作者に求めがちです。これは作者の意図を正確に読み取ろうという発想です。そうではなく、作品の解釈は読者それぞれでいい。読者それぞれが頭の中で好き勝手に映像化していいのです。

語彙力こそが「わかりやすさ」である

少し脱線してしまいました。語彙力を上げることで、あなたの「わかりやすさ」も格段に上がります。

たとえば、あなたが駆け出しのシェフだとします。まだ料理の世界に飛び込んだばかりなので、作れる料理の種類は少ない。将来、一流のシェフになるために、これからどんなことをすればよいでしょうか。

私だったら、レシピの勉強をします。料理本を読んだり、評判のお店に足を運んだりするでしょう。いろいろな食材に触れるのも大切ですね。食材とレシピを勉強したら、実際に料理を作って誰かに試食してもらうでしょう。そうやって料理の知識と経験を増やし、守備範囲を広げていきます。

食材を語彙（言葉の数）、レシピを説明の技術に置き換えると、あなたがやるべきことが見えてきます。

わかりやすさとは、「相手がわかる言葉を使う」のが鉄則。

相手に合わせるためには、知っている言葉の数がモノをいいます。語彙の数や、知識があれば表現の幅が広がり、たとえ話やいい換えもうまくなります。

扱う食材の数や知識、レシピの数が豊富なシェフのレストランはメニューが多いので、多くのお客さんを満足させることができます。

ここからは、語彙を増やすための具体的な方法を紹介しましょう。

語彙力をつける①
濫読《らんどく》のススメ

まず言葉を増やすには、「読書」がオススメです。

「あまり本は読まない」という方にこそ、手当たり次第に本を読む濫読をすすめます。友達が読んでいる本、新聞に出ていた本、雑誌の書評コーナーで紹介されていた本、図書館で目に付いた本など、ジャンルを問わず手にとって、目を通してみてください。本からは言葉そのもの、そして自分になかった表現方法を学ぶことができます。

自分が知らない言葉は、世の中にないのと同じ。読書によって新しい言葉を一つ発見したら、それは大きな収穫です。さらに言葉をアレンジしたり、似た言葉を調べることで、扱える食材は増えていくのです。

読むならば、ジャンルは絞らないこと。文学、理系本、哲学、芸術など様々な本に目を通してみてください。

語彙力をつける②　ことわざ・四字熟語を使う

ことわざや四字熟語は、状態や状況をワンフレーズでいい表すのに便利です。

私がコメンテーターとして出演している「あさチャン！」（TBS）でのことです。

リオオリンピックの陸上・女子400メートル決勝のニュースを取り上げました。金メダルを獲得したのはバハマ代表のショーニー・ミラー選手。しかし、このミラー選手、お世辞にも恰好よいゴールとはいえず、なんとゴール前で転倒しヘッドスライディングの体勢でゴールインしたのです。でも陸上のルールでは胴体の一部がゴールラインを越えたらゴールと認められるので問題なし。

VTRを見た後、コメントを求められたので、出てきた言葉は、「まさに『怪我の功名』ですね」。数人がニヤッとしてくれました。

ことわざや四字熟語は語呂がよいものが多いので、会話や文章に取り入れるとリズムが生まれます。とくにことわざの中でも「3」を使ったものが印象に残ります。「石の上にも三年」「三度目の正直」「二度あることは三度ある」「早起きは三文の得」。

ただ、ことわざは多くの人が知っているので、間違った意味で使うと恥ずかしい思いをすることもあります。次の3つはよく使われることわざです。あなたはAとB、どちらが正しい意味かわかりますか？

「情けは人のためならず」
A：人に情けをかけて助けてやることは、結局その人のためにならない
B：人に情けをかけておくと巡り巡って結局は自分のためになる

正解はB。人には優しくしましょうという意味です。2010年度に文化庁が発表した「国語に関する世論調査」では、Aが45.7％、Bが45.8％でした。正解も誤答もほぼ同じ数字です。若い世代ほど間違って使っているようです。

「かわいい子には旅をさせよ」

Ａ：子どもにはいろいろな旅をさせて楽しませたほうがよい
Ｂ：子どもは甘やかさず世の中の厳しさを体験させたほうがよい

正解はＢ。子どもの成長のためには大切なことです。同じく２０１０年度に文化庁が発表した「国語に関する世論調査」では、約９割が正解していました。

「檄《げき》を飛ばす」
Ａ：自分の主張を広く伝える
Ｂ：気合を入れるために喝を入れる

正解はＡ。「国語に関する世論調査（２００７年度）」では、Ｂの意味で使っていた人が72.９％もいました。こちらが正しく使っていても、相手に「間違ってる」と思われそうですね。ことわざや四字熟語は非常に便利です。しかし、意味を知らない子どもたちに向けて使ってもキョトンとされるだけです。相手に合わせて使用しましょう。

語彙力をつける③ 類語辞典を読む

別のいい方をしたいのに思い付かない。いい換えをしたいのに詰まってしまう。

そんなときに便利なのが「類語辞典」です。

これはその名の通り、似た意味を持つ言葉をまとめた辞典です。

日本初の類語辞典は１９０９年(明治42年)に刊行されたそうです。最近はインターネットにも「類語辞典」があるので便利です。検索すれば、同じ意味の言葉にいい換えてくれます。たとえば「ヤバイ　類語」で検索すると、weblio の類語辞典が出てきます。そこには、

大変、一大事、ヤベエ、危ぶまれる、危惧される、思わしくない、具合が悪い、よろしくない、好ましくない、不都合のある、支障がある、始末の悪い

などが出ています。

「かわいい　類語」で検索すると、

愛しい、愛くるしい、めんこい、美しい、可憐、佳麗、愛おしい

言葉選びに悩んだときは、類語辞典を活用するのも一つの方法です。

語彙力をつける④ オノマトペを使う

「ワンワン」「キラキラ」「ザーザー」「スベスベ」「ムカムカ」「シーン」「ポン」

物事の音や様子、動作、感情などを表す擬声語・擬態語。

擬声語・擬態語は日本語の特徴の一つで、その数は世界の言語と比べて、数十倍とも数百倍ともいわれています。断トツですね。日本語のオノマトペは歴史が古く、古事記には「こをろこをろ」という音を立てたという描写があります。万葉集には、鼻水をすする音が「びしびし」と表現されています。

「雨が降ってきた」↓「雨がザーザーと降ってきた」
「部長のダジャレで静かになった」↓「部長のダジャレでシーンとなった」

オノマトペを入れ込むほうが、場の空気感や質感が伝わります。

オノマトペは短く直感的に理解できるため、子どもの好奇心を引き出す言葉としても注目されています。絵本にオノマトペが多いのも、子どもの好奇心と興味を刺激するためです。

オノマトペが活躍するのは医療現場です。

病院で、お医者さんに自分の症状を伝えるときに「ガンガン」「ピリピリ」「ズキズキ」「チクチク」といった言葉を使っている人は多いと思います。

痛みを表すオノマトペと実際に診断された病名に、関係があるのではないかと調査した人たちがいます。国立国語研究所の特任助教だった竹田晃子氏と、痛みの臨床研究で知られる小川節郎氏（日本大学総合科学研究所教授）の研究チームです。

調査は頭痛や腰痛などに悩む約８１００人を対象に行なわれました。

診断名別「オノマトペ」の表現割合

炎症による痛み

群発頭痛	ガンガン	ズキズキ	ウズウズ	ズキンズキン	ズーン
片頭痛	ズキズキ	ガンガン	ズキンズキン	ジンジン	キリキリ
緊張性頭痛	ズキズキ	ガンガン	ズキンズキン	ズーン	ジンジン
関節リウマチ	ズキズキ	ズキンズキン	ジンジン	ギシギシ	ウズウズ
肩関節周囲炎	ズキズキ	ズキン	ジンジン	ゴリゴリ	ズキンズキン
変形性膝関節症	ズキズキ	ズキン	ギシギシ	ズキンズキン	ジンジン

神経による痛み

座骨神経痛	ズキズキ	ジンジン	ビリビリ	ズーン	ジーン
帯状疱疹後神経痛	チクチク	ズキズキ	ピリピリ	ズキンズキン	ビリビリ
糖尿病性神経障害	ジンジン	ピリピリ	ビリビリ	チクチク	ズキズキ
頸椎症	ズキズキ	ズーン	ジンジン	ビリビリ	ゴリゴリ
脳卒中後痛	ジンジン	ピリピリ	ズキズキ	ウズウズ	ジーン

（※朝日新聞の記事をもとに作成。小川節郎氏、竹田晃子氏の調査より）

症状の説明に使ったオノマトペで最も多かったのは「ズキズキ」。診断結果は、「片頭痛」「肩関節周囲炎」「座骨神経痛」「頸椎症」などと幅広いものでした。一方で、関節リウマチなどは「ギシギシ」、帯状疱疹《ほうしん》後神経痛は「ピリピリ」「チクチク」と表現する人が多いそうです。

小川教授は「ガンガンという痛みがなくなり、電気刺激のようなピリピリした痛みになった」と患者さんが訴えれば、その表現から片頭痛は改善されたが帯状疱疹などの神経性の痛みは残っているなどと推測できるといいます。

自分の痛みをお医者さんに正確に伝えることが、正しい診断につながります。痛みを表現するオノマトペの引き出しも増やしておきたいものです。

語彙力をつける⑤ いい換えてみる

テレビ番組でよく使われるフレーズに「○○界のノーベル賞」「○○界のアカデミー賞」「○○の甲子園」というのがあります。

視聴者に、賞がどんなものか、わかりやすくイメージしてもらうためのいい換えです。これは、視聴者のみなさんが、ノーベル賞、アカデミー賞、甲子園は「こういうものだ」というイメージを持っているから成立するのです。

イメージしやすい言葉にいい換えることによって、正確さには欠けるかもしれませんが、伝わるスピードは格段に速くなります。

広い場所を紹介するときに「東京ドーム◯個分」という表現を使います。これも東京ドームの大体の広さがイメージできるから成立します。東京ドームの建物面積は約4万7000平方メートル。あとは割り算をするだけで、あなたも「東京ドーム◯個分」という表現が使えます。実際に使う機会は少ないかもしれませんが、覚えておくといざというときに役に立つはずです。

たとえば、国会議事堂は東京ドーム約2個分、東京ディズニーランドは約11個分、琵琶湖は約1万4335個分です。

ちなみに「大人の血管をすべて足した長さは約10万キロメートル」ですが、これだとあまりピンときません。

「大人の血管をすべて足した長さは、約地球2周半分」といい換えたらどうでしょう。

頭の中に「絵」が描きやすく、「そんなに長いのか！」と実感できるはずです。

語彙力をつける⑥ 感情をまぜ込む

伝える相手の想像力を利用した「いい換え」もあります。比喩です。

テレビ番組で試食するシーンのとき。食べた後に、コメントを求められます。美味しければ、素直に「おいしい！」でよいのですが、コメントとしてはあまりおもしろくない。ですから私は、美味しいを別の表現にいい換えられないか考えます。

たとえば、

「この味、うっとりしちゃいますね」

「この料理はズルい。またお腹が出ちゃうじゃないですか！」

などなど。食べ物の話題は、会話の中でもよく出てきます。そんなときに「あのお店、美味しいよね」だけでなく、違う表現を試してみてはいかがでしょうか。女性を食事に誘うときの成功率が上がるかもしれません。

映画や本の感想を聞かれたときも「おもしろかった」「つまらなかった」以外の伝

え方ができると相手への響き方が変わります。

「映画館で5回も見ちゃった」

「一緒に行った妻は、ずっと手で顔を覆っていました」

ただ「おもしろい」「怖い」だけよりも、こちらのほうが感情や臨場感がわかりやすく伝わります。

こうした表現のフレーズをいくつか持っておくと、話の展開や相手によって使い分けることができます。

では、どうやってストックを増やせばよいでしょう。

もちろん自分で考え出してもよいですが、かんたんなのは他の人から学ぶことです。話し上手な人が使う言葉を聞いて、わかりやすかったものはストックしておくのです。表現のパターンをストックしておくことによって、言葉に広がりも出ますし、自分なりのアレンジもできるようになります。

テレビのコメンテーターとして活躍しているテリー伊藤さん。彼は元々、演出家として番組を制作する立場でした。

「天才・たけしの元気が出るテレビ‼」「ビートたけしのお笑いウルトラクイズ‼」「ねるとん紅鯨団」「浅草橋ヤング洋品店」などテレビ界でも伝説の番組を手がけています。テリーさんは「テレビ番組はお年寄りから子どもまで幅広い人たちが見ているから、企画は誰にでもわかるものじゃないといけない」というポリシーを持っていたそうです。

漢字ばかりの企画書を出したスタッフには、

「ひらがなで書き直してこい！」

と突き返したといいます。幅広い世代に伝える側が、相手に押し付けるなという意味なのでしょう。凝った表現だけでなく、あえてひらがなを使うことでも、わかりやすさは変わります。頭の片隅に置いておくといいでしょう。

語彙力をつける⑦ 文系と理系をまぜる

誰でも考えに行き詰まることがあります。そんなときは視点を変えることが大切です。見方を変えると、これまでとは違う言葉にも触れるチャンスが増えます。

私はこの話をするとき、「鳥の目になってみよう」と伝えています。

鳥は世界をどのように見ているのか。

私たち人間が見ている世界とは違います。

人間は三原色で世界を見ていますが、鳥は四原色です。どういうことか。

目の中には特定の波長に反応する細胞がありますす。人間は3種類ですが、鳥は4種類。一つ多い波長とは、紫外線です。鳥は紫外線が見えるのです。

人間が花を見ると、真ん中にめしべやおしべがあり、周りに花びらがあると見えています。一方、鳥は、花びらに模様が入っているように見えます。紫外線でしか見えない模様なので、私たち人間には見えないのです。

人間と鳥には、同じ花を見ているのに、全然違う見え方をしています。

見える世界が違うと、考え方も変わってきます。自分の見え方だけで行き詰まってしまったら、他の人はどうやって見ているんだろうと視点を変えてみることで、視野が広がることがあるのです。

わかりやすく説明できる人を見たら、どういう工夫をしているんだろうと観察するのもよいでしょう。退屈な説明をする人を見たら、「自分だったらどうするか」を考えるのもよい。そうやって視点を変えることで、思考パターンも増えていきます。

知識の幅は好奇心でつくられる

ものの見方を増やすという点では「文理融合」がオススメです。

日本は「文系」と「理系」をとにかく分けたがります。文系と理系の間に高い壁を造り、なかなか交わろうとしません。これはもったいないことだと思うのです。

私はかねてから「文理融合」をテーマに問題提起してきました。

何も今から文系の人に物理や微分・積分をがっつり学べといっているわけではありません。知識の幅を持たせるために、自分の知らない分野に少しだけでもいいから首を突っ込んでみようというものです。文系の人が理系センスを身につけたら、より論理的になるかもしれません。理系の人が文系センスを身につけたら、比喩表現がよりわかりやすくなるかもしれません。知識を文系・理系と偏らせることなく、バランスよい「文理融合」を目指すべきだと思うのです。

アインシュタインは「私には特殊な才能はありません。ただ熱狂的な好奇心があるだけです」と語っています。わけ隔てなく何事にも興味をもつことが大切です。

「シェイクスピア」にも「加速度」にも興味をもとう

そもそも日本はいつから「文系」と「理系」に分けられたのでしょうか。

橋爪大三郎さんによると、日本で「理系」と「文系」の定義ができたのは、明治時代の旧制高校だそうです（『橋爪大三郎の社会学講義（2）』）。

文系は黒板とノートがあれば学ぶことができますが、理系は実験設備などにお金がかかる。そこで、お金のかからない学部を文系、お金のかかる学部を理系と分けていました。そして、数学の試験をして理系学部の生徒数を絞ったようです。それが100年以上たった今も根強く残っているということですね。文系に進んだ人たちは、数学や理科が苦手で当たり前。理系に進んだ人たちは、国語や社会が苦手で当たり前という風潮がまかり通っています。

今から50年以上前、イギリス人作家のチャールズ・パーシー・スノーが『二つの文化と科学革命（The Two Cultures）』という本を出しました。スノーはこの本で、「いわゆる理系と文系という文化があまりにも乖離《かいり》していて、お互い話が通じなくなっている」と主張、当時のイギリス社会に警鐘を鳴らしたのです。

当時の文系エリートは理系の人たちを見下すことが多かったようです。そこでスノーは文系エリートにこう質問します。

「加速度とは何かを説明できますか？」

すると、ほとんどの文系エリートは答えることができず、その質問をすること自体が馬鹿げたことだという態度をとったのです。しかしスノーは「加速度の質問は、シェイクスピアの作品を読んだことがある」と同じレベルの話だとしています。そして、文系と理系の隔たりを「文系の素晴らしい知識人は、科学については新石器時代並みの知識しかない」と酷評したのです。

教養人とは、バランス感覚が優れている人です。

バランス感覚とは、知識が偏っていないということ。「私は文系だから」「俺は根っからの理系だから」などと思い込んで、違う分野の知識を入れることを拒むことこそ、教養バカのはじまりです。

理系と文系の壁を取っ払ってみましょう。

国語も政治も数学も科学も歴史も、まずは満遍なく興味を持ってみる。これが文理融合の第一歩です。無理する必要はありません。食わず嫌いだった分野の知識をほんの少し取り入れるだけでバランスは大きく変わります。知識の幅を広げる一歩がそこにあるのです。

好奇心を刺激するなら新聞の科学欄

これまで理系と無縁だった人には、「科学ニュース」をオススメします。

新聞でいつも飛ばしていた「科学欄」を読んでみるのはいかがでしょう。

新聞社のウェブサイトで、サイエンスコーナーのコラムをのぞいてみるのもオススメです。書店に行って、時間があるときは、科学雑誌のコーナーにいきましょう。

それだけで、無縁だった理系の情報が手に入ります。

私の妻は、結婚するまで完全な文系人間でした。もともと読書は大好きだったので、私との結婚を機に、私の本棚にある理系の本を読みあさるようになりました。

するといつの間にか知識が増えて「相対性理論」「ポアンカレ予想」「フィールズ賞」といった言葉を理解し、今では、「科学っておもしろい！」といっています。文理の壁とは、ただの食わず嫌いなのです。

アインシュタインは哲学書を読みあさっていた

理系の人のなかには、小説やフィクションを、「事実じゃないから」と真面目に取り合わない人たちがいます。しかし、そもそも理系の世界はすべてノンフィクションといい切れるでしょうか。

たとえば、「超ひも理論」。

誰も「超ひも」を見たことはありません。あくまで想像上の仮説です。数学の世界でさえ、フィクションに近いのです。だからこそ、理系の人たちも、小説などのフィクションを楽しんでほしいと思います。

「こんなの作り物で興味がない」

「ツッコミどころ、満載だ」

そんなことをいわずに、まずは手にとってみてほしいのです。本の中には、あなたが知らなかった言葉や表現が広がっています。

効率を求める理系の人が毛嫌いするジャンルの一つに、哲学書があります。

哲学者というのは、人間のあるべき姿や世界のあり方など根本的なことを突き詰めて考えている人たちです。多くの哲学書が難解なので手を伸ばしにくいのは事実でしょう。

それでも、「難解な本を読む」というのは実に重要なことです。

「自分がわからないことが見つかる」というのは、現時点の問題点が明るみに出るということです。わからなくてもいいから、まずは読み進める。それによって、自分がわからないことがわかります。「わからない」というのは決して無駄なことではないのです。

いきなりカントのすべてがわかる人はいません。アインシュタインの相対性理論もそうです。まずは読んでみて「わからない」を発見する。少し時間を空けてまた読んでみる。さらに違う本と読み比べ、解説本を読んでみる。

ちなみに、アインシュタインは子どもの頃、哲学者カントの著作を読んでいたそうです。将来の天才科学者が哲学書を読み耽っていた。ここには大きなヒントが隠されているような気がします。

試行錯誤を繰り返すことで、自分の中で理解できて、次第に体得することができます。即効性を求めず、難解な本に挑んでみましょう。

覚えたらすぐに実戦投入せよ！

文理融合で様々なものに興味を持ち、自分の中に食材（語彙）とレシピ（表現方法）が増えたら、今度は覚えた表現を日常生活で使ってみましょう。

食材を買い込んだのに、冷蔵庫に入れっぱなしではもったいない。料理を、家族や友人に食べてもらって「おいしい！」と褒められたらうれしくもなりますよね。言葉や表現も、料理と同じ。覚えたら誰かに使ってみましょう。言葉はインプットするだけではダメ。アウトプットしてはじめて自分のものになるのです。

人に伝えるというのは難しいものです。

どういう話の組み立てでいけば、相手は興味を持ってくれるのか？　伝える相手を思い浮かべて、使う言葉や話の流れを考えられるようになれば、独りよがりなつまらない話になることは避けられます。

そして、人に話したいという欲求が高まれば、「より詳しく、よりおもしろく」と考えるようになり、いろいろなことについてもっと深く知りたくなっていくでしょう。こうなればよいスパイラルに入っていきます。文系センスで構成と話のおもしろいところを考え、理系センスで情報やデータを補強する。文理融合が役立つはずです。

5章

【脱・思考停止】「わかりやすさ」にダマされるな

「わかった！」に潜む落とし穴

以前、ある企業のプレゼンテーションが話題になりました。ネットのつながりやすさを他社と比較して自社をアピールするというものです。

他社と比較する棒グラフが表示されます。

棒グラフの長さに注目するとA社が断トツの成績を収めているように思えます。しかし、棒グラフに書かれた数字を見てみると、

A社　97・5％
B社　96・7％
C社　96％

A社とB社の差はわずか0・8％、A社とC社の差は1・5％です。グラフの視覚効果によりA社とC社の差は2倍近くあるように感じますね。

通信社のグラフ：接続率を比較

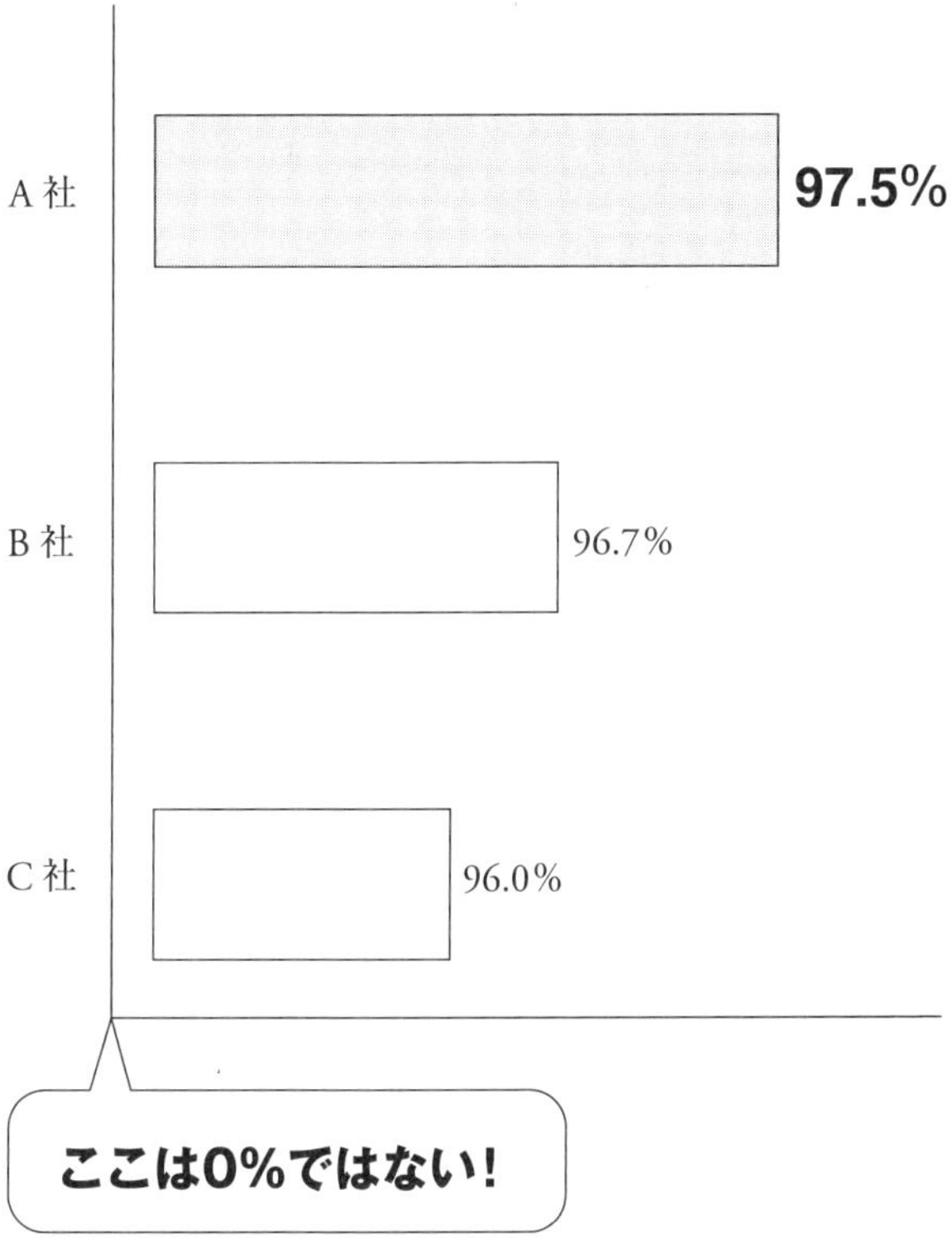

自社のつながりやすさをわかりやすくPRするには効果絶大です。このような手法は企業広告の世界では基本といってよいでしょう。

しかし、消費者として3社を比較したいとき、棒グラフの視覚効果だけに頼るとどうでしょう? 危険だと思いませんか。

「わかりやすさ」は現代社会において、とても大切な要素です。

多くの人たちは「わかりにくい」「難しい」と感じると、敬遠する傾向があります。企業は消費者に短時間で「わかった!」と納得してもらうために知恵を絞っています。わかりやすい部分だけに絞って、一点突破してきます。

しかし、すべての物事が一点だけで説明できるわけではありません。

一部が「わかった!」からといって、すべてが「わかった!」と思うのは勘違いなのです。

大きな文字で書かれたキャッチコピーに心躍り、実際に商品を買ってから、細かい字で書かれている注釈や規約で痛い目にあった人もいるでしょう。

私たちはわかりやすさを求めるのと同時に、提示された「情報」「データ」を鵜呑みにしないということも心がけておかなければなりません。

そうしないと「わかりやすさの罠」にはまり、本当に知りたいことにたどり着かないことさえあります。提示されたもので「わかった！」と納得し、思考停止するのは危険ですらあるのです。

この章では、サイエンス作家として「わかりやすさの罠」にはまらないための知識をお伝えしたいと思います。

これを知らないとお金を損する

お金は興味のある人が多い話題です。

雑誌の特集や、ネットニュースの見出しで「平均年収」や「平均貯蓄額」という文字を見ると、つい読み込んでしまう人も多いのではないでしょうか。

この「平均値」というのは慣れ親しんでいることもあり、とてもわかりやすい基準になります。しかし、平均値でわかりやすさの罠にはまってしまうことがあるのです。

どんなことか。「平均貯蓄額」でご説明しましょう。

自分は平均以上なのか、それとも平均以下なのか、同世代がどれだけ貯蓄をしているのか、気になるものです。では、金融広報中央委員会が発表した「家計の金融行動に関する世論調査（2人以上世帯）（2015年）」のデータを見てみましょう。

20代…189万円
30代…494万円
40代…594万円
50代…1325万円
60代…1664万円
70代以上…1618万円

どの世代もそれなりの額です。あなたは平均額以上でしたか、以下でしたか。
この平均値だけを見て喜んだり、落ち込んだりすると「わかりやすさの罠」にはまってしまいます。なぜなら、数字はあくまでも「平均」だからです。貯蓄額の平均値は、対象となる人たちの貯蓄額を足して、人数で割って出します。極端なことをいえば、貯蓄額1000万円と0円の平均値は500万円です。つまり高額の貯蓄をしている人がいれば、平均値は一気に引き上げられるのです。

平均値の罠にはまらないために覚えていてほしいのが、「中央値」です。これは上から数えても、下から数えても真ん中の値のこと。

先ほどの世代別貯蓄額の中央値を見てみましょう。

20代…68万円（平均値189万円）
30代…213万円（平均値494万円）
40代…200万円（平均値594万円）
50代…501万円（平均値1325万円）
60代…770万円（平均値1664万円）
70代以上…590万円（平均値1618万円）

どの世代も中央値は平均値の半分以下となりました。

各世代で、一部の富裕層が平均額を釣り上げていたことがわかりますよね。わかりやすい平均値には数字のマジックがあります。「中央値」という言葉を思い出して、「わかりやすさの罠」にはまらないようにしましょう。

宝くじが当たる売り場はどこ?

「一等前後賞合わせて10億円!」

一攫千金を夢見て、宝くじを購入する人は多いと思います。

ジャンボ宝くじの販売時期になると「よく当たる!」といわれる西銀座チャンスセンターの行列がテレビに映されます。特に人気があるのが1番窓口。大安吉日だと買うまでに、数時間待つこともあるそうです。

西銀座チャンスセンターのウェブサイトによると、1989年(平成元年)のドリームジャンボから、2016年のオータムジャンボまでに、この売り場から出た「億万長者」は4774人。総額は7440億円だそうです。「次は私の番！」と行列に並びたくなる気持ちもわかります。

ではこの売り場で買えば、本当に当たる確率が高いのでしょうか。

答えは、YESでもあり、NOでもあります。

そもそも西銀座チャンスセンターの1番窓口は大行列ができるぐらいですから、他の窓口に比べて販売している枚数が格段に多い。扱う枚数が増えれば一等のくじが入る確率も増えます。2016年の年末ジャンボ宝くじの一等の確率は約2000万分の1。単純に4000万枚売れたとしたら一等が2本あるということです。

しかし、実際はこんな単純ではありません。

分母が増えた分だけ当選するくじの枚数も増えますが、西銀座チャンスセンターに当選くじが他の売り場より多く入っているわけではないからです。

ちなみに「人間は低い確率は過大評価し、高い確率は過小評価する」傾向があります。これは「100％大丈夫」といわれると安心するけど、「99％大丈夫」といわれると「残りの1％のリスク」のほうが気になるというものです。

99％と1％を比べたら99％のほうが、圧倒的に確率が高いのですが。これが0・5％でも0・1％でも同じ。ゼロでない以上は、リスクが気になってしまうのです。

宝くじにもこの「低い確率の過大評価」があるといわれます。当たらない確率のほうが高いのに、当たる低い確率のほうを評価してしまう。夢を壊すなといわれそうですが、確率を考えるときはこうした視点を持っておくのも大切です。

トクホは本当に体によい？

スーパーやコンビニに行くと、

「体脂肪が気になる人に」「血圧が高めの人に」「血糖値を抑える」「内臓脂肪を減らす」「おなかの調子を整えます」

などと表示された商品を多く見かけるようになりました。体形が気になる世代としては、商品を選ぶ基準の一つになります。

このようなキャッチコピーを多く見かけるようになったのは、以前からの「特定保健用食品（トクホ）」に加え、2015年4月から「機能性表示食品制度」がスタートしたからです。どちらも健康を気にする人たちの心に刺さるわかりやすいキャッチコピーがついていますが、表示に至るまでのルールが違います。

まずトクホですが、こちらは販売するメーカーが健康効果について国に科学的な根拠を提出します。根拠の有効性や安全性が審査され、認められれば「トクホ商品」と名乗ることができます。「トクホマーク」も表示されます。

一方の「機能性表示食品」。対象となっているのはサプリメントや加工食品、野菜などの生鮮食料品などです。こちらは、販売前に国のガイドラインに沿った安全性と機能性の根拠に関する情報を消費者庁長官に届けます。これが受理されれば、60日後に販売することができます。消費者庁としては、個別の商品に許可を出しているわけではなく、「事業者の責任において科学的根拠に基づいた機能性を表示した食品」であるというスタンスなのです。

そもそもこの機能性表示食品をスタートさせたのは「機能性をわかりやすく表示した商品の選択肢を増やし、消費者がそうした商品の正しい情報を得て選択できる」という考えからでした。

文中に出た「わかりやすく」という表現が、「内臓脂肪を減らす」「おなかの調子を整えます」などのキャッチコピーにつながっているのです。

そして消費者庁は、続けてこう説明しています。

「機能性が表示されている食品を購入する際は、キャッチコピーだけでなくパッケージの表示をしっかり確認しましょう！」と。

要するに「消費者のみなさん、わかりやすいキャッチコピーで選んでね。でもその効果は各メーカーが出してるから自分で確認してね」ということでしょうか。

勘違いしてほしくないのですが、私は、機能性表示食品の悪口をいっているわけではありません。売り場に並ぶ「わかりやすいキャッチコピー」の商品は、トクホ商品なのか機能性表示食品なのかを区別できる知恵を持っていてほしいのです。違いを知っていれば消費者として、より賢い選択ができるのではないでしょうか。

「カロリーゼロ」で太る

「カロリーがゼロ！」

とてもわかりやすくていいですね。

でも、実はゼロじゃないこともあるのです（笑）。

健康増進法の栄養表示基準によると、「100ミリリットルあたり5キロカロリー以下であれば『カロリーゼロ』もしくは『ノンカロリー』と表示してよい」ということになっています。

つまり、カロリーはゼロだと思っていても、知らず知らずのうちに摂取していたことになります。「カロリーオフ」「低カロリー」は「100ミリリットルあたり20キロカロリー以下の場合」に表示してよいことになっています。500ミリリットルの「カロリーオフ」の飲み物を飲んだら、100キロカロリーを摂取する計算になります。ちなみに100キロカロリーとは、20分のウォーキングでようやく消費されるカロリーです。カロリー表示のカラクリも知っておくと「わかりやすさの罠」にはまることは避けられるはずです。

3000ミリグラムは多い？　少ない？

ここで、質問です。あなたは栄養ドリンクを買おうとしています。棚には2種類のドリンクが並んでいます。どちらに手を伸ばしますか。


「タウリン3000ミリグラム配合」

「タウリン3グラム配合」


3000ミリグラムは効きそうですね。

しかし、タウリンの量でいうと、どちらも同じです。

1ミリグラムは1グラムの1000分の1。つまり、3000ミリグラムは3グラムです。

「タウリン3000ミリグラム」

「コラーゲン10000ミリグラム」

数字は並んでいる桁が多いほど、インパクトがあります。目に飛び込んでくる数字が大きいほうが、より効果がありそうな気がします。

売り手も消費者の心理をわかっていて、数字を多く出すイメージ戦略を展開しています。インパクトのある数字を見たら、自分が理解できる身近な単位に変換することが大切です。まずは「1000ミリグラムは1グラム」。それを覚えておきましょう。

意外と少ない「レタス1個分の食物繊維」

ある大手うどんチェーンに入ったら、テーブルの上にこんなポップがありました。

「うどん1玉にレタス1個分の食物繊維！」

このお店では、5年の歳月をかけて、食物繊維が含まれたうどんを開発したそうです。食物繊維の大切さが取り上げられていますから、人気も高いでしょう。

「レタス○個分の食物繊維」は、食物繊維をウリにした商品でよく使われます。消費者としては「レタス5個分」「レタス10個分」といわれると、自分の頭の中にレタスの絵が浮かぶのでわかりやすいですよね。

では、なぜ食物繊維をアピールするときにレタスが使われるのでしょうか。

実はレタスに含まれる食物繊維が、少ないからです。

レタス100グラムに含まれる食物繊維は1・1グラムです。これはトマトとほとんど変わりません。トマトには食物繊維が豊富なイメージはありませんよね。

でも、ほぼ同じ食物繊維のレタスには、食物繊維が豊富に含まれているイメージがあるのです。

レタス1個は約500グラムなので食物繊維は約5・5グラム。成人男性が1日に必要な食物繊維は19グラム、女性は17グラムといわれていますので、レタス1個で1日に必要な摂取量の3分の1が摂れることになります。これを十分な量とみるか、不十分とみるかはその人の食生活次第。ちなみに、同じく食物繊維が豊富なイメージがあるごぼうは、100グラムあたり6・1グラムとレタスの約6倍です。

食物繊維のたとえで、レタスが使われるのは、わかりやすいからでしょう。

「これ1本飲めば、切り干し大根25グラム分の食物繊維」

では、伝わりにくいのです。食物繊維が豊富なイメージがあって、なおかつ実際には数値は低い。これが好都合だったのかもしれません。決してレタスが悪いということではありません。美味しいですし、私もよく食べます。ただ過剰に食物繊維を期待するのは改めたほうがよいのです。

比較の話でもう一つ。

「レモン50個分のビタミンC」

ビタミンCの量をレモンで表すのは、昭和62年に農林水産省が定めたガイドラインが元になっています（ガイドラインでは「レモン1個でビタミンC 20ミリグラム」）。ですから「レモン50個分」と表示されている飲み物に含まれているビタミンCは1000ミリグラム、つまり1グラムです。

ちなみにレモンのイメージからビタミンCは酸っぱいと思っていませんか。レモンの酸っぱさの多くはビタミンCではなくクエン酸です。余談ですが。

「あの人がいうなら間違いない」のバイアス

「あの人がいうことなら間違いない！」


こう思って何かを決断したことはありませんか。

決断を誰かに依存してしまう状態を社会心理学者の岡本浩一さんは「属人思考」と「属事思考」という言葉で説明しています。

属人思考は「権威がある人がいっているから正しい」「あの人に間違いはない」と、正しいか正しくないかの基準が「人」に属していることです。

一方、属事思考は事柄を是々非々で判断すること。つまり、誰がいっていようがそれが本当に正しいのか確認して判断しようということです。

日本人は「属人思考」をする人が多いそうです。

好きな人がいっているから正しい。嫌いな上司が正しいことをいっていても間違って聞こえる……。

属人思考がよくないというわけではありません。尊敬する人や信頼している人のいうことを信じることは誰にでもあります。ただ「属人思考」と「属事思考」という言葉を知っているだけで、判断基準が増え、冷静な見方をすることができるのです。

ネット検索でバカになる

「この店、美味しいのかな?」「あの場所への道順は?」「どんな漢字だったっけ?」わからないことはインターネットで検索すれば、すぐに答えが出てきます。

スマートフォンの普及で、検索をして答えを求める傾向はさらに強まっています。インターネット上には、自分が求めている情報をわかりやすくまとめてくれるサイトもありますしね。

2015年、イェール大学のマシュー・フィッシャー氏らの研究チームがアメリカの心理学会のサイトに、ある研究結果を発表しました。

「ネット検索をしていると、実際よりも自分が知識豊富だと錯覚することがある」

かんたんにいうと、ネット検索で得た知識を、自分が持っている知識だと思い込むということです。これは若い世代により顕著だとしています。

研究チームは「正確な知識を身につけることは難しいことだが、ネット検索はそれをさらに困難にしている」としています。

また2011年、コロンビア大学の心理学者ベッツィー・スパロウ氏が「グーグルが記憶に及ぼす影響」という論文を発表しました。

実験内容は、被験者にある文章を読ませ、後でその内容をどれほど覚えているかというテストです。

被験者を2つのグループに分け、一つのグループには「後でその文章がネットなどで確認できる」と伝え、もう一方には、何も伝えないでテストを開始。「後で確認できる」と知らされたグループは明らかに成績が悪かったそうです。

スパロウ氏は実験を通じて、「人間の脳は、自分で覚えなくても誰かに聞けば教えてもらえる事柄については記憶しようとしない」としています。心理学でこれを「交換記憶」と呼ぶそうです。誰かに聞けば、の「誰か」が「ネット検索」になっているのでしょうね。

また検索後は、調べたことを記憶するのではなく、「ネットで調べればわかる」ということを記憶してしまうようです。記憶の外付けハードディスクですね。必要なときだけ引っ張り出してくればよいということです。これはこれで一つの手段ですが、会話の相手がいる場合、話の途中で検索ばかりするわけにはいきませんよね。

さらに、ネット検索の怖さは「検索ワード」。

検索する際、基本的には自分が知っている言葉で検索をします。ということは、知っている語彙が少ないほど検索結果がだんだん狭まっていきます。検索は言葉を入れれば、何かしらヒットします。しかしその内容の真贋《しんがん》ははっきりしません。もしかしたら自分の検索ワードでヒットした内容は、嘘ばかりかもしれないのです。

ネット検索はとても便利。だからこそ、デメリットがあることを知った上で、上手に付き合うことが大切なのです。

「～らしいですよ」は信用するな

政治、経済、環境、領土、人間関係。世の中にはいろいろな問題があります。

私も出演しているテレビ番組でコメントを求められます。昔はニュースにコメントするのは、マスメディアの人たちに限られていました。

しかし今や、ブログやSNSなどネット上では、誰もがコメンテーターとして、自分の意見を書き込んでいます。

ネットでコメントするときに、「〜らしいですよ」という人がいます。

この「らしい」は曲者です。いわゆる伝聞情報で、自分が調べたものではなく、人づてに聞いたものです。伝聞情報とは、情報の裏を取ることなく、責任も負わない（と思うことができる）のです。あなたが「〜らしい」と耳にしたら、その情報は怪しいとまずは疑ってください。

では、裏取りをするためにはどうすればよいでしょう。

これには当事者に直接取材をするか、一次情報にさかのぼる必要があります。

一次情報の場合、たとえば「科学ニュース」であれば情報源をネットで検索します。情報が信頼できる科学誌『ネイチャー』や『サイエンス』のどの号に載っていたかがわかれば、記事まで読み込みます。そこまで確認して、ようやく発信しても大丈夫な情報なのです。

くれぐれも「らしい」情報にはお気をつけください。インターネットの書き込みでよく見かける「メディアが報じない○○」という見出しに飛びついてしまう人は特に注意です。

6章

心に刺さるフレーズのつくり方

「伝えた」と「伝わった」の間

あなたのコミュニケーションは「伝えた」ですか?

それとも「伝わった」ですか?

「伝えた」と「伝わった」。似ているようですが違います。

「伝えた」は自分だけの行為。いわば一方通行です。

一方、「伝わった」は自分が「伝えた」ことで、相手が何かしらのアクションを起こしてくれることを指します。

自分では「伝えた」と思っていても、相手が理解して、行動を起こしてくれないと「伝わった」にはならないのです。実はこの2つの間には大きな溝があります。

「伝えたのに何でわかってくれないの?」

こんな悩みを抱えている人は「伝えた」と「伝わった」の溝にいるのかもしれません。

本章では、相手に上手に絵を描いてもらうためのトレーニングをしましょう。

トレーニング① 凝り固まった頭をほぐす

この本の構成者である放送作家の嵯峨野功一氏は、小学生向けの作文教室を開催しています。教室で教えている授業の一つが「プロフィールクイズを作ろう」。このクイズは5つのプロフィールを聞いて、それが表すものが何かを導き出すというもの。あなたも、答えを想像し、頭の中に「絵」を描いてみてください。

プロフィールクイズ　その①

プロフィール1：私は白いです
プロフィール2：私は小学生と仲良しです
プロフィール3：私は冷たくなったり、硬くなったりします
プロフィール4：私の親の口癖は、「もう!」です
プロフィール5：私は鼻から出ることがあります
この5つのプロフィールから導き出されるのは……

「牛乳」です。

給食でお馴染みなので小学生とは仲良しですよね。冷たくなったり、硬くなったりはアイスクリームになったりチーズになったりするのを表現しています。説明はいらないと思いますが「もう！」は牛の鳴き声です。

では、第2問。

プロフィール1：私は昔、薬として使われていました
プロフィール2：私の名前を日本語にすると「実芭蕉」です
プロフィール3：私の名前を使ったお笑いコンビがいます
プロフィール4：私の皮で滑ることがあるかもしれません
プロフィール5：私は体が白く、黄色い洋服を着ています

この5つのプロフィールから導き出されるのは、
……「バナナ」です。
バナナは栄養価が高いため薬のように考えられていたそうです。知識のある小学生は最初のプロフィールから「チョコレート、カカオ」と答える子も多いです。ちなみにお笑いコンビは、バナナマンです。

では最後、第3問。

プロフィール1：私は江戸時代に使われ始めました
プロフィール2：私は70年ぐらい前、およそ10円で売られていました
プロフィール3：私の名前はオランダ語がベースになっています
プロフィール4：私は最近、いろいろなカラーの仲間が増えました
プロフィール5：私は小学生におんぶされています
5つのプロフィールから導き出されるのは……

「ランドセル」です。

ランドセルが日本に入ってきたのは江戸時代。オランダ語のランセルから、ランドセルになりました。昔は赤と黒の二色でしたが、今はブルー、ピンク、茶色などとてもカラフルになりました。

あなたの中の発想力を目覚めさせる

言葉からイメージを膨らませるトレーニング、結果はいかがだったでしょうか。凝り固まった頭がほぐれてきたところで、次の問題です。

今度は逆に、一つの言葉から、イメージを膨らませるトレーニングです。

プロフィールクイズを「作ってみる」のです。

1：答えを決める

2：答えからイメージするキーワードを書き出す

3：キーワードからプロフィール文を考える。他のいい方はないかも考える

4：5つのプロフィール文をどの順番で出題すればよいかを考える
5：清書をする

クイズを考えるときは「さくさくシート」というのを使います。（173ページ）

先ほどのランドセルの問題を作る手順で説明しましょう。

まず、一番上の空欄に目的を書きます。この場合は「難しいクイズを作る」です。

答えのランドセルを真ん中に書き込みます。

次に頭の中で「ランドセル」を描きます。そして「いつからあるのか？」「最近はカラフル」「小学生が使う」など、ランドセルからイメージするキーワードを答えの周りに書き込みます。

さらにキーワードからプロフィール文を考えて周りに書き込んでいきます。

目的は、「難しいクイズを作る」ですから、いい方を変えたり、比喩で表現できるかなどを考えます。この問題では「小学生が使う」を「小学生におんぶされています」にいい換えました。同時にプロフィールは納得感のあるものでないといけません。

さらに5つのプロフィールから導き出せる答えが複数あるとクイズとして成立しませんので、吟味が必要です。5つのプロフィール文を作るだけでもいろいろな視点で見る力が養われます。

ここまできたら完成までもう少し。

作った5つのプロフィール文をどの順番で相手に出したら難しくなるかを考えて、番号を振ります。

最後に、別の紙に番号の順番にプロフィール文を清書すれば完成です。

わかりやすい文章は誰にでも書ける

なぜ、このようなトレーニングをしたのか。

実は、イメージと言葉を行き来させることが文章を上達させる訓練になるからです。

文章が苦手な人の悩み第1位は、「何を書いていいかわからない」です。

原稿用紙を目の前にして、止まってしまうのです。

子どもの中にも、学校の先生に「原稿用紙2枚以上書くように！」とプレッシャー

相手：友達 | 難しいクイズを作る

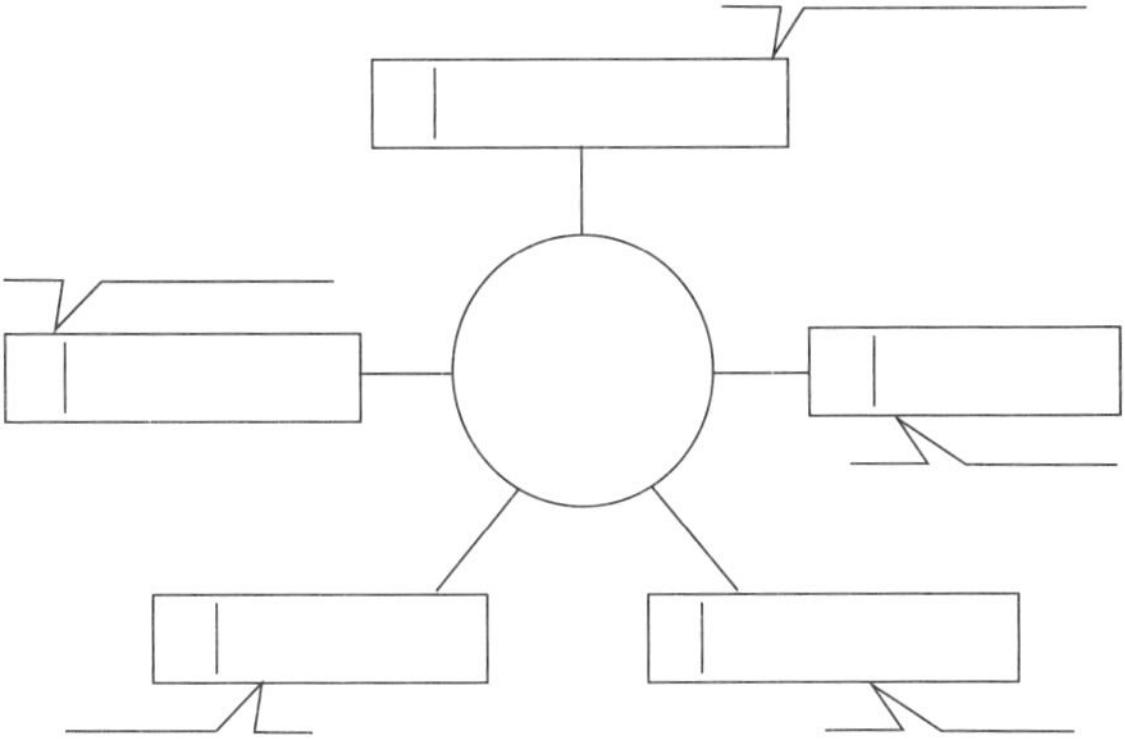

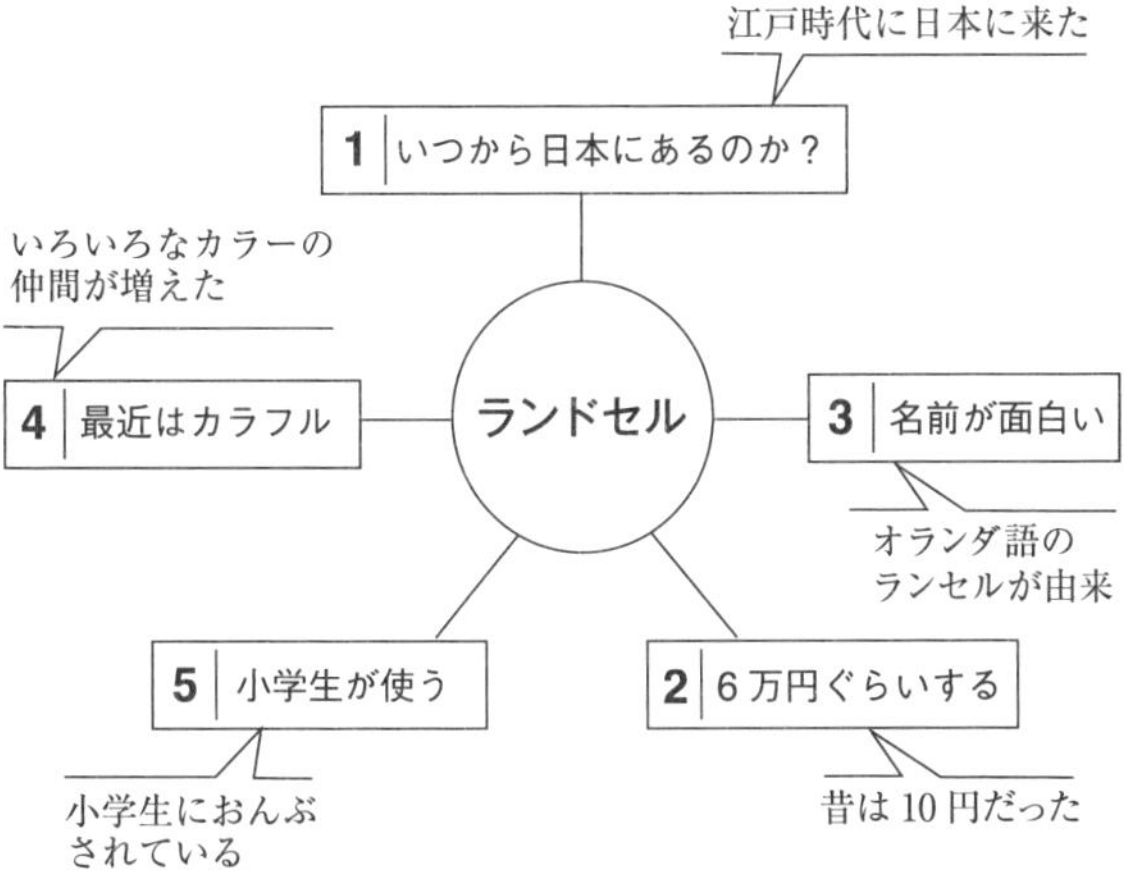

をかけられ、ますます悩んでしまう子は多いのです。

こうした悩みの原因は、いきなり文章を書こうとしていること。文章の方向性が見えていない中で、いきなり書こうとしても、何を書いてよいか悩むのは当たり前です。結果、思いつくままに書き連ね、感想文のような文章になってしまうのです。

まずは悩みの種である「何を書いていいかわからない」をなくしましょう。そのために、先ほどのクイズ作りで使った「さくさくシート」を使います。

たとえば「運動会の思い出」をテーマに作文を書く場合はこうです。

1：運動会で印象に残っているキーワードを書き出す

「徒競走」「リレー」「ダンス」「応援」「お弁当」など。

2：それぞれのキーワードで思い出すエピソード、そのときの心境を書き出す

「リレー」のキーワードのところでは「選手に選ばれてうれしかった」「練習ではずっとビリだった」「毎朝、お父さんと練習した」「本番で優勝できてよかった」。

3：キーワードのブロックを見比べて、書く順番を考える
　※自分が思い出に残っているものを最初に持ってくる。
4：キーワードでいっぱいになった「さくさくシート」を見ながら文章に清書する
　この順番でこの内容を書けばいいと、確認をしながら書けばＯＫ。

文章が苦手な人は、「絵」は描けるのですが、どこから書き出していいのか悩んでしまいます。

ですから、下書きという形で頭の中にある「絵」（ここでいうところの運動会の思い出）をいったんアウトプットし、文字にしてキーワードを見ながら、頭をクリアにする。それから、「運動会の思い出」の「絵」を描くのです。

いわゆる下書きと構成の作業です。

作文教室で教えているのは書き出す前に頭の中を整理する「下書き」の大切さです。

トレーニング② 世界で唯一のキャッチコピーをつくる

もう一つ作文教室の授業内容を使って、頭の中に「絵」を描くトレーニングをしましょう。テーマは、「フシギな言葉を作ろう」です。

1：ボックスから数枚カードを引く
カードには「青い」「メロン」「リンゴ」「たい焼き」「掃除機」「テーブル」などのキーワードが書かれています。
2：手元にあるキーワードを組み合わせて新しい言葉を作る
3：新しい言葉がどんなものなのかを説明する文章を考える

「メロン掃除機」という言葉を作ったら、それがどういうものかを想像して、頭の中で「メロン掃除機の絵」を描きます。そして自分が作った「メロン掃除機」がどういうものかを、わかりやすく相手に伝える説明文を考えます。

「メロンを収穫するときに使う、大きな掃除機。最後はメロンが箱に入って出てくる」などです。

あなたも次のキーワードを組み合わせて「フシギな言葉」を作ってみてください。

玄米　ステーキ　大根　さくらんぼ　警察　掃除機　パソコン
赤い　青い　黄色い　おじいさん　おばあさん　ギャル　子ども
居酒屋　高層ビル　神社　ボウリング　耳栓　観光バス　神社
アメリカ　フランス　テレビ　消防車　リモコン　ミニカー

いかがでしょうか。

自分が作った「フシギな言葉」は頭の中で「絵」になりましたか。次に、あなたの頭の中にある「絵」を、相手に説明する文章を考えてみましょう。世の中にない、あなたが作った、あなたの頭の中にだけある言葉です。これを伝えるにはどこからどんな説明をすればよいのか、想像力と構成力が試されますよ。

このトレーニングは、キャッチコピーや新商品のネーミングなど、世の中にない新しい言葉を作るときに役立ちます。アイデアが行き詰まってしまったときにぜひ試してみてください。

部下や子どもに「わかりやすさ」を授ける

アクティブ・ラーニングをご存じでしょうか。

文部科学省が必死になって導入しようとしている学習形態です。

日本語にすると「能動的学習」。アクティブという言葉の響きから「活動的学習」をイメージするかもしれませんが、そうではありません。

では、アクティブ・ラーニングとはどういったものか。

あなたが受けていた学校の授業を思い出してください。

教壇に先生が立って、教科書を読んでいる。あなたや同級生は先生の話を静かに聴き、黒板に書かれたことをノートに書き写している。そんな授業風景ではなかったですか。これは先生から一方的に発信される従来の学習スタイルです。いわば児童・生徒は受け身。

受け身ではなく、児童・生徒が主体的に授業を受けられるようにしようというのがアクティブ・ラーニングです。

これまでも、受け身一辺倒の授業ではなく、自分が考えたり、まとめたものを他人の前で発表したりすることはありました。今後は、そういった授業をさらに増やし、思考力、判断力、表現力、主体性、協働性などを養っていこうというのがアクティブ・ラーニング導入の目的です。

子どもの頃から、ディスカッションやプレゼンの場数を踏んでいると、相手にわかりやすく伝えるという力がすくすくと育っていきます。わかりやすく伝えるためには、積極的にコミュニケーションをとることが土台になるのです。

私が小学生の2年間、アメリカで過ごしていたときのことです。

アメリカでの授業は、まさにこのアクティブ・ラーニングでした。先生が、

「今日はクジラについて勉強しましょう。みんなはクジラを見たことがありますか?」

というと、子どもたちは一斉に手を挙げて参加します。

続いて先生が、

「じゃあ、どんなこと知ってる?」

と質問すると、子どもたちはクジラの思い出や、知っていることを語り出します。図鑑を持ってきてクジラのところに書かれていることを発表する子もいました。先生も子どもも関係なく、クジラについて質問し、答えを探し出す。まさに参加型で主体性のある授業でした。

こうしたクラス全体でワイワイと喋る授業だと、当然自分が喋る機会もあります。知っている知識や言葉を誰かに発信する。最初はとても勇気がいることです。

しかし、覚えた知識や言葉は実際に使うことで、本当に身につくものなのです。アウトプットの場数を踏むことで、どういう場合にどんな情報や言葉を発すればいいのかが感覚的に身についてくるからです。

子どもの積極性を育てるコツ

アクティブ・ラーニングが成功するかどうか、鍵を握っているのは先生たちです。生徒が積極的にディスカッションやプレゼンに参加するとはいえ、アクティブ・ラーニングの本質は、こうした自由闊達《かったつ》な授業の中で、先生が持っている知識や教科書の内容を、いかに子どもたちに吸収させるかだと思うからです。

子どもたちが自由に発言する中で、授業として押さえるべきポイントはしっかり伝えなければいけない。どのタイミングでどう伝えるのか。先生はどんな展開になっても対応できるように準備しておかなければなりません。

まさに先生の力が試されるのではないでしょうか。

「君はここでこの質問して」「あなたはこう答えて」と国会答弁のようなやりとりが展開されるのであれば意味がないですしね。これまでは先生が授業のペース配分を決めていました。しかし意見が飛び交う授業では決まりきった展開にはならないこともあるので、まとめ上げる先生の負担は増えるでしょう。

さらに、先生たちには今まで以上に子どもたちの個性をフォローする必要が出てきます。意見を出し合う授業で力を発揮できるのは、自分の意見をはっきりといえる子です。合っていても間違っていてもいいから積極的に発言できる子も大丈夫です。

しかし、すべてがそういう子ではありません。

発言に消極的な子もいれば、自分の発言を否定されることで傷つく子もいるのです。こうした子たちをどうフォローしていくのか。アクティブ・ラーニング導入の裏側で、教える側の課題も大きいのです。

大人の発言が子どもの才能をつぶす

有名な生物学者に聞いた話です。

生物学者の彼は、子どもの頃、次の式がわからなかったそうです。

「$2\chi-\chi=\chi$」

子どもの頃の彼の頭の中では……、

「2χ－χ＝2。2χからχを取れば2が残る」

と考えていました。ところが、学校の先生に、

「バカ！『2χ－χ＝χ』だ！」


といわれたそうです。頭ごなしに「バカ」はないですよね。

たしかに数学の授業では、彼の答えは間違いだと教えます。

でも実は、これが正解になる場合もあるのです。

特殊なコンピューター言語の記号処理では2χからχを引くと2になることがあるからです。コンピューターにとっては2もχも単なる記号なので、そこに不思議はありません。

ではなぜ私たちは、「2χ－χ＝χ」が正しくて「2χ－χ＝2」を間違いだと思うのか。

それは、「この式はこう計算します」というルールを教え込まれているからです。

少なくとも学校の先生には、子どもの発想に応えた上で「でもね、この場合はこうなるんだよ」という教え方をしてほしいものです。

ちなみに数学者で教育者の遠山啓さんは、このような代数の問題について「χはただの記号じゃなくて、箱だと思ってごらん。その箱にいろいろな数字が入るんだよ。箱が2つあって、一つ取ったら一つ残るよね」と解説するそうです。

とてもわかりやすいですね。先生の一言は、子どもにとって重みのあるものです。たった一つの問題で、算数・数学すべてが嫌いになる可能性もあるのです。

「わかりやすさ」で人生を変えよう

ここまで、私なりのわかりやすさについて書いてきました。

自分が伝える側になっても、自分が伝えられる側になっても相手がいます。

コミュニケーションで大切なことは、相手が理解できる言葉で伝えること。

相手が頭で「絵」を描きやすいように、相手の想像力に訴える言葉で伝えることです。

相手の顔を見ながら、ストレートに伝えたり、ときにはいい換えたり。それらをスムーズに行なうには、あなたが使える食材（語彙）とレシピ（表現方法）を増やすのが近道です。

そして伝える前に一度立ち止まってみる。

自分への少しの「間」も、「わかりやすさ」には大切です。今日の会話からさっそく実戦投入してみてくださいね。

おわりに

AI時代、いかに生き残るか

2012年にGoogleとスタンフォード大学による研究成果が発表されました。研究チームは1000台のコンピューターに、YouTubeの動画から無作為に選んだ1000万枚の画像を3日間かけて学習させました。

その結果、これらのコンピューターが猫を認識する能力を身につけることに成功したというのです。

人間がコンピューターに「これが猫だ」と画像やデータで教えたわけではなく、コンピューター自身がYouTubeの膨大な画像の中から、猫がどういうものかを自ら学んで理解したのです。学習を繰り返すことで、画像の特徴と言葉を関連づけることもできます。

これが、人工知能における「ディープ・ラーニング」と呼ばれるものです。

「ディープ・ラーニング」を日本語に変換すると、深層学習。

これは、データの特徴を深く学習する技術のことです。

これまでの人工知能では、学習の方法、注目ポイント、データの使い方を人間が指示していました。しかし、ディープ・ラーニングでは、注目ポイントを自ら学習することができるようになったのです。しかも、とても高い精度で特徴を捉えることができるため、人の声を認識したり、カメラで撮影した画像を認識したりするなどの応用に期待が高まっています。防犯カメラの映像を解析して、人ごみの中から特定の人物を割り出すことも可能になりました。

私が司会を務めるＮＨＫの「サイエンスＺＥＲＯ」でも以前、ディープ・ラーニングを特集しました。番組では「人工知能は言葉から想像してイメージを作れるようになってきた」と紹介しました。

たとえば人工知能に「大きな旅客機が雨模様の空を飛んでいる」という文章を伝えると、灰色の雲をバックに飛んでいる飛行機らしき物体の画像を描きます。人工知能は人間と同じように、文章や言葉から想像して「絵」を描くことが可能なレベルまで進化しているのです。

さらに人工知能は「絵」を認識して文章にすることもできます。

たとえば、1枚の絵があります。人工知能は絵に描かれたものを認識して、それぞれを「家」「山」「犬」というように言語化することができます。そして「山あいの中央に家があり、家の前には犬がいる」というような文章にすることができます。

世界中の人たちが交流する未来

人工知能の進化により「文章→絵」「絵→文章」と変換することができるようになると何ができるか。

自動翻訳がさらに進化します。

人間が英語から日本語に翻訳をするとき、日本語の文章を読んで、頭の中に「絵」を描き、その「絵」を英語の文章にします。

人間はこの過程を、無意識に超スピードでやっています。だから、頭の中に「絵」を描いているとは思っていません。日本語から英語へと、記号から記号に直接変換しているると思っているのです。

記号から記号への直接変換をしているのは現在の自動翻訳です。単語、常套句など、記号から記号へ変換しているだけなので、違和感のある直訳、こなれていない文章になっているのです。

もし「文章→絵」「絵→文章」の技術がさらに進めば、人間と同じような翻訳ができるようになります。さらに精度が高まると直訳ではなく意訳もできるようになります。

2020年の東京オリンピックの頃には、まだまだ自動翻訳は実用化には程遠いでしょうが、それでも、着実に進化を続けるはずです。

今から15年後、日本語、英語、中国語、イタリア語、ロシア語など、いろいろな言語の人たちの会話が同時通訳できるようになっているかもしれません。

そんな時代に私たちは生きています。

それでも、人工知能が人間に真の意味で追いつくまでには、まだまだ、乗り越えなければならない技術的な課題が山積しているのも事実です。仮に翻訳の途中で絵を描いたとしても、人工知能がそれを「意識」しているわけではないからです。もちろん、人間も無意識にやっていることが多いのですが、現在の人工知能には無意識すら存在しません。ましてや、意識的に絵を描いて、つまり想像力を働かせて、そこから様々な文化を創造することは、まだまだ、人間の専売特許なのです。

だからこそ、人工知能と人間を差別化する、教養がなにより大切。

もっというと相手への「わかりやすさ」こそが、これからの時代を生き抜いていく武器になるのです。

ぜひ、今日の会話から本書の技術を試してみてください。

あなたが、教養バカを脱して、ストーリーテラーになれれば、筆者としてこれ以上の喜びはありません。

竹内薫

著者略歴

竹内 薫（たけうち・かおる）

1960年東京生まれ。猫好きサイエンス作家として、科学書の執筆、講演、テレビ出演を精力的にこなしている。英語と理数プログラミング教育を謳うインターナショナルスクールの校長も務める。主な著書に『宇宙のかけら』（青土社）、『99・9%は仮説』（光文社）、『理系バカと文系バカ』（PHP研究所）など。主な出演番組に『サイエンスZERO』（NHK　Eテレ）、『ひるおび！』（TBS系）など。

構成者略歴

嵯峨野 功一（さがの・こういち）

放送作家

1975年東京生まれ。専門学校を卒業後、96年より放送作家として、古舘プロジェクトに所属。「池上彰のニュース そうだったのか!!」「グッド！モーニング」（テレビ朝日）「船越英一郎 京都の極み」（BS日テレ）の構成を手掛けるなどテレビ・ラジオを中心に幅広く活動している。小学生を対象にした「さくさく作文教室」を主宰。文章で想いを伝えることの大切さとノウハウを広めている。

SB新書　380

教養バカ

わかりやすく説明できる人だけが生き残る

2017年2月15日　初版第1刷発行

著　者　竹内 薫

構　成　嵯峨野功一

発行者　小川 淳

発行所　SBクリエイティブ株式会社

〒106-0032　東京都港区六本木2-4-5

電話：03-5549-1201（営業部）

装　幀　長坂勇司（nagasaka design）

組　版　白石知美（システムタンク）

イラスト　辛酸なめ子

本文デザイン　二神さやか

イラストレーション　堀江篤史

編集担当　坂口惣一

印刷・製本　大日本印刷株式会社

ISBN 978-4-7973-8896-1